これって本当に「繊細さん」？と思ったら読む本

HSPとトラウマのちがいを精神科医と語る

HSP専門カウンセラー
武田友紀

精神科医
名越康文

日東書院

はじめに

「やっぱり、私が『繊細さん』だから傷つきやすいんでしょうか」

「職場で、相手の機嫌がすごく気になります。これは気質だから、もう仕方ないんですよね?」

「耳栓や眼鏡など、HSP向けに紹介されていた方法を試しました。少しはラクになったけど、やっぱりしんどい。これ以上どうすればいいんでしょう?」

「後天的に『繊細さん』になることはあるんでしょうか?　私は正直、親のせいで繊細さんになったと感じているんです」

この本は、こうした疑問に答えるための本です。

繊細さんの悩みのうち、どこまでが変わらないもの(気質)で、どこからが治していけるもの（後天的なもの）なのか。そして悩みの背景にあるトラウマについて、精神科医の名越康文先生とＨＳＰ専門カウンセラーである私・武田友紀が語り合いました。


さて、みなさま、ＨＳＰという言葉を聞いたことはあるでしょうか。

ＨＳＰはHighly Sensitive Personの略で「とても敏感な人」のことです。他の人が気づかない小さなことにもよく気づき、深く考える性質をもっています。この本では、親しみを込めてＨＳＰを「繊細さん」と呼んでいます。

ここ数年、テレビや雑誌でＨＳＰ・繊細さんが取り上げられ、その存在が広く知られるようになりました。繊細さんが元気に生きるノウハウをまとめた拙著『「繊細さん」の本』（飛鳥新社）は60万部を超えるベストセラーとなり、私のもとには数千通のお便りが届きました。

「私は、これだったんだ！」

「今まで、自分は他の人とどこかちがうと感じてきました。何がちがうのか言葉にできなかったけど、ＨＳＰを知って、自分のことがようやく腑に落ちました」

など喜びの声をいただく一方で、カウンセリングの場では「傷つきやすいのは気質だから、もう仕方ないんですよね？」といった声も聞こえてきました。

こうした疑問は、どこまでが気質でどこからが後天的な悩みなのかがはっきりしないこと、そして〝HSPの敏感さ〟と〝トラウマによる症状〟が一見似ていることから生まれているように思います。

詳しくは本編で述べますが、HSPは傷つきやすさとはちがいます。

相談者さんが「気質だから治らない」と思っておられた敏感さ――傷つきやすさや、相手の感情に過度に振り回されること、音への敏感さなど――が、実はトラウマによる症状であり、カウンセリングによって改善していくことがよくあるのです。

トラウマというと、事故や事件に巻き込まれるなど、生命の危険に晒された場合に起こる特別なものだと思われるかもしれません。ですが実際には、理不尽に怒られてなすすべがなかったり、安心感の少ない家庭で育って小さな心の傷がいくつも重なっていたりと、身体が無事でもトラウマを抱えることがあります。そして、このトラウマが生きづらさにつながることがあるのです。

繊細さんへのカウンセリングでトラウマを扱うことが増え、疑問が浮かびました。

――繊細さんはトラウマを受けやすい、ということがあるのだろうか？

――先輩の臨床家は、繊細さんとトラウマの関係をどう考えておられるのだろう。

疑問をぶつけたい。見解を聞いてみたい。

そう渇望していた折、名越先生にお目にかかる機会がありました。私がHSPについてお話ししたところ、名越先生はこうおっしゃいました。

「HSPの話を聞いて、昔、友人が言っていたことを思い出しました。戦時中に大砲が鳴っても、セミは気づかずに鳴き続けているんやと。そう聞いて僕は、セミと人間とでは聞こえる周波数がちがうんやなと思ったんです。HSPって、そういうことですよね？」

名越先生の言葉にゾワッと総毛立ちました。HSPの本質を――ただ感じる範囲がちがうということを――これほどピタリととらえる方がいる。
私から名越先生に、ぜひ対談できないかとお願いしたことが、本書のはじまりとなりました。

アメリカの心理学者、エレイン・N・アーロン博士がHSPの概念を提唱してから約30年。今回の対談では海外の研究もご紹介しますが、30年というのは心理学のなかでは歴史が浅く、新しい分野であり、わかっていないことも多くあります。

対談の内容は、2人のこれまでの臨床経験と武田の半生によるものですが、それは読者のみなさまの経験と一致するわけではありません。ですから、ご自身の経験と照らし合わせたときに「いや、私はそうは思わない。こうなんじゃないか」とのお考えが出てくるかもしれません。

様々な考えが出てくる本でありたいと思っています。

HSPという新しい概念は、たとえるならば、びっしりと藻に覆われて形が見えない岩のようなものです。歴史という川をごろごろ下り、他の石にぶつかって「こうなんじゃないか」「ちがう見方もあるぞ」「確かにそのようだ」と様々な声に洗われるなかで、ゆっくりとその姿を現していく。

川を下るうちに、形が変わることさえあるかもしれません。新しい概念、進んでいく研究とは、そのようなものだと思います。

名越先生と私・武田の問答を通して、みなさまと、HSPについて、そしてトラウマについて、一緒に考えを深めていけたら幸いです。


HSP専門カウンセラー・公認心理師　武田友紀

contents

第2章 繊細さんとトラウマの関係は？ 67

第3章　繊細さんとトラウマの見分け方　121

第4章　トラウマを抱えたままどう生きていくか　195

本書でお話しする人たち

精神科医・評論家
名越康文先生

1960年奈良県生まれ。精神科医、評論家。歌手。

専門は思春期精神医学、精神療法。相愛大学、高野山大学、龍谷大学客員教授。テレビのコメンテーターとしてお茶の間でもおなじみで、最近はYouTubeでも大活躍。毎朝水浴びをするのが日課。

HSP専門カウンセラー・公認心理師
武田友紀先生

1983年福岡県生まれ。HSP専門のカウンセラーで、本人も「繊細さん」。全国から相談者が訪れ、忙しい日々を送っている。繊細さんたちに心を育ててもらったので、恩返しをしたいと思っている。座右の銘は「遠くまで行きたければ、みんなで進め」。

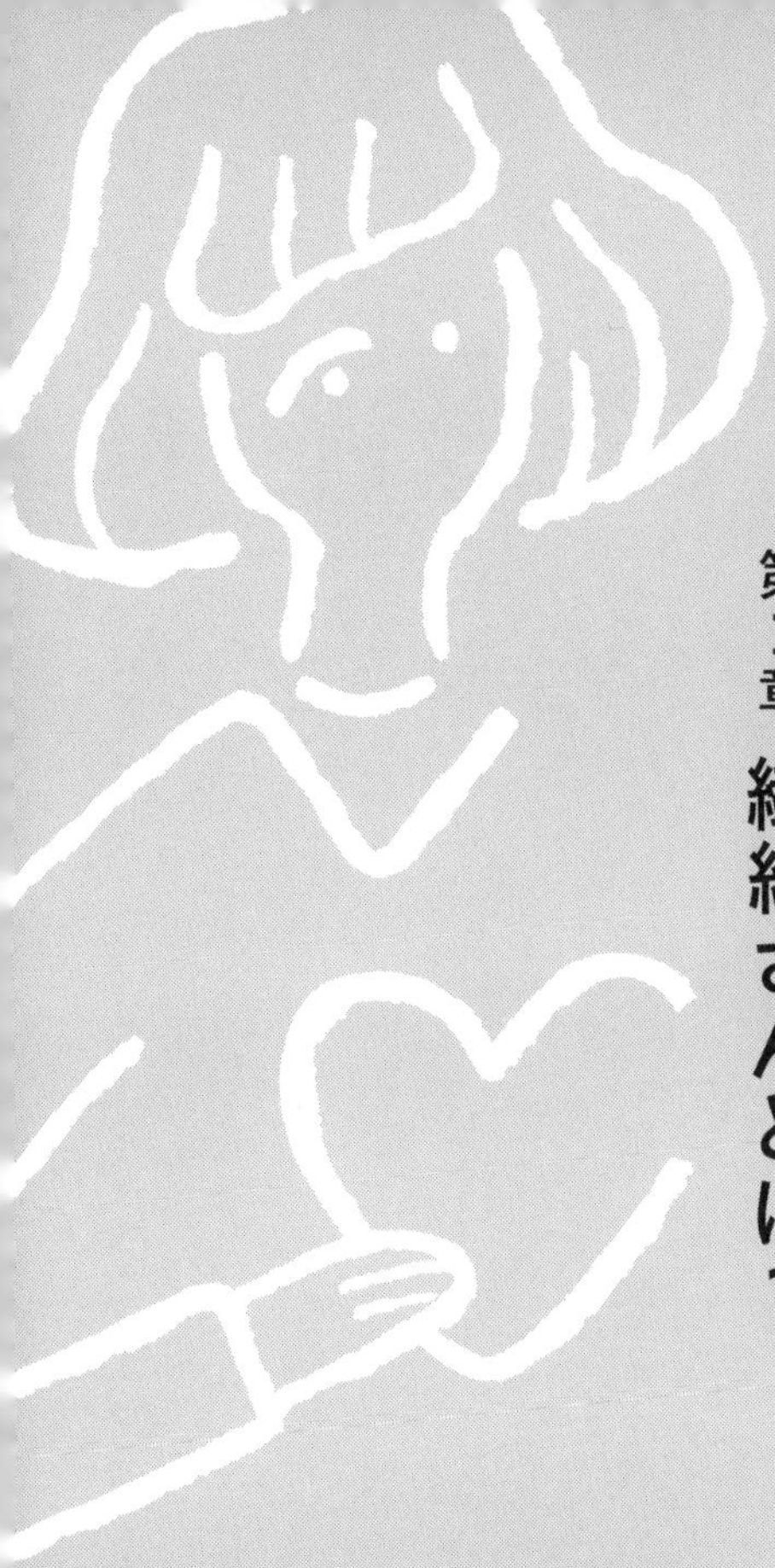

第1章　繊細さんとは？

HSPを知ったきっかけ

名越　僕は１９９９年に13年間勤めた病院を辞めて、精神科のクリニックを開業したんですが、開業から１〜２年ほど経ったときに、患者さんから「先生、こういうのがあるんです」とアーロン博士の翻訳本を教えていただいて、そこでＨＳＰ（Highly Sensitive Person）という言葉をはじめて知りました。

武田　エレイン・Ｎ・アーロン博士の『ささいなことにもすぐに「動揺」してしまうあなたへ』（講談社）という本ですね。

名越　はい。その頃、診療がむちゃくちゃ忙しいときでしたが、読みはじめたら止まらなくなったんです。すぐに読み終えて、こういう世界があるんだと思いました。僕はのちに『まわりにあわせすぎる人たち』（アイビーシーパブリッシング）という本のなかで、「過剰適応」という言葉を出しました。

過剰適応とは、ある環境に合うように自身の行動や考え方を、度を越して変えてしまう状況を指します。それにとても近いと感じて、ＨＳＰの概念がかなり理解できました。ちなみに、僕自身もデンマークのイルセ・サン氏の『鈍感な世界に生きる敏感な人たち』（ディスカヴァー・トゥエンティワン）に掲載されている「ＨＳＰチェックテスト」をやってみました。点数が60点以上の人はＨＳＰとされるなか、僕は81点でした。おそらくＨＳＰなんですよ、僕も。最近になって、武田先生の本で一般の人にも「繊細さん」として広く知られるようになりましたよね。そもそも武田先生がＨＳＰを知ったきっかけは何だったんですか？

武田　カウンセラーになる前、私はメーカーで商品開発の仕事をしていたんですが、とても忙しくて。夜12時まで働いて、朝7時に家を出るような生活を続けていたら、ある朝会社に行けなくなってしまい、休職したんです。そのときにアーロン博士の本に出合いました。

名越　武田先生もアーロン博士の本がきっかけなんですね。

武田　そうなんです。その本を読んで、「私もＨＳＰなんだ」と気づきました。

名越　ＨＳＰの人をどのようにとらえていますか？

武田　ＨＳＰは「とても敏感な人」のことです。光や音、まわりの感情など、他の人が気づかない小さなことにもよく気づき、深く考える性質をもっています。そのため、たとえば「職場で機嫌の悪い人がいると気になる」「小さなミスに気づいて、仕事に時間がかかる」「刺激を受けやすく疲れやすい」などの悩みを抱えることがあります。アーロン博士が行った調査によると「生まれつき繊細な人」は5人に1人の割合で存在するそうです（論文1）。私はHSPを、親しみを込めて「繊細さん」と呼んでいます。

名越　では、本書でもHSPを繊細さんと呼ぶようにしましょう。きっかけになった休職はどれくらいしていたんですか？

武田　2年間、休職していました。アーロン博士の本を読む前は、自分が悪いんだと思っていました。確かに過酷な職場でしたが、それでも同僚は毎日会社で働いているわけです。だから、働けなくなった自分が弱いんだ、自分が弱いのがいけないんだと思っていたんです。

名越　それは、劣等感をもつよね。

武田　休職中はずっと自分を責めていましたね。職場の同僚とは仲が良くて、みんなで頑張っているチームだったから余計に。当時、私には同僚がタフに見えていました。商品の発売まで膨大なタスクがあって、常に時間が足りなくて。そんなプレッシャーのなかで、何であんなに働けるんだろうと思っていたんです。でも、アーロン博士の本を読んで、感じていたストレスの量も大きさもちがっていたことに気づいたんです。

ここで読者に向けて、繊細さんについて簡単に説明させていただきますね。アーロン博士によると、繊細な人とそうでない人は、脳の神経システムにちがいがあるそうです。神経とは何ぞやということなんですが、人間の身体には神経が張り巡らされていて、たとえばコップを目で見ると、目でとらえた情報が神経を通って脳に届き「これはコップだ」と認識できます。コップを取るときは、神経を通して脳が筋肉に指令を出し、「コップを手に取る」という動作を行うことができます。

神経のうち、脳と脊髄を「中枢神経系」、手足など末端まで張り巡らされている神経を「末梢神経系」と呼ぶのですが、繊細さんは、中枢神経系が刺激に反応しやすいという研究があります。脳のうち、恐怖や快・不快をつかさどる扁桃体や、記憶をつかさどる海馬、中脳の痛みの伝導路などに明確な活性化があるというんですね（論文12）。
ハーバード大学の心理学者、ジェローム・ケーガン氏の調査によると、生後4ヶ月の時点で、刺激に対して頻繁に泣く乳児とそうではない乳児がおり、刺激への反応しやすさが、後の行動に影響するそうです（論文6、7）。

繊細さんは感じる力が強く、光や音、相手の感情など、様々なものをこまやかにキャッチします。人の笑顔やちょっとした優しさに触れて嬉しくなったり、空の色を深く味わったりと、生活のなかで多くの喜びを感じることができます。

その反面、痛いものやつらいものも敏感に感じ取ります。まわりの環境から影響を受けやすく、良いものであれ悪いものであれ、遭遇すればキャッチしてしまうんですね。ですから、合わない職場や人間関係のなかにいると、繊細でない人よりもストレスを感じやすいんです。刺激を受けやすい分、他の人よりも疲れるのが早い、といったことも起こります。

名越　それは僕も共感します。たとえて言うと、自分が感じているストレスの量と、まわりの平均値的な人とではその量自体がちがうと言えばいいのでしょ

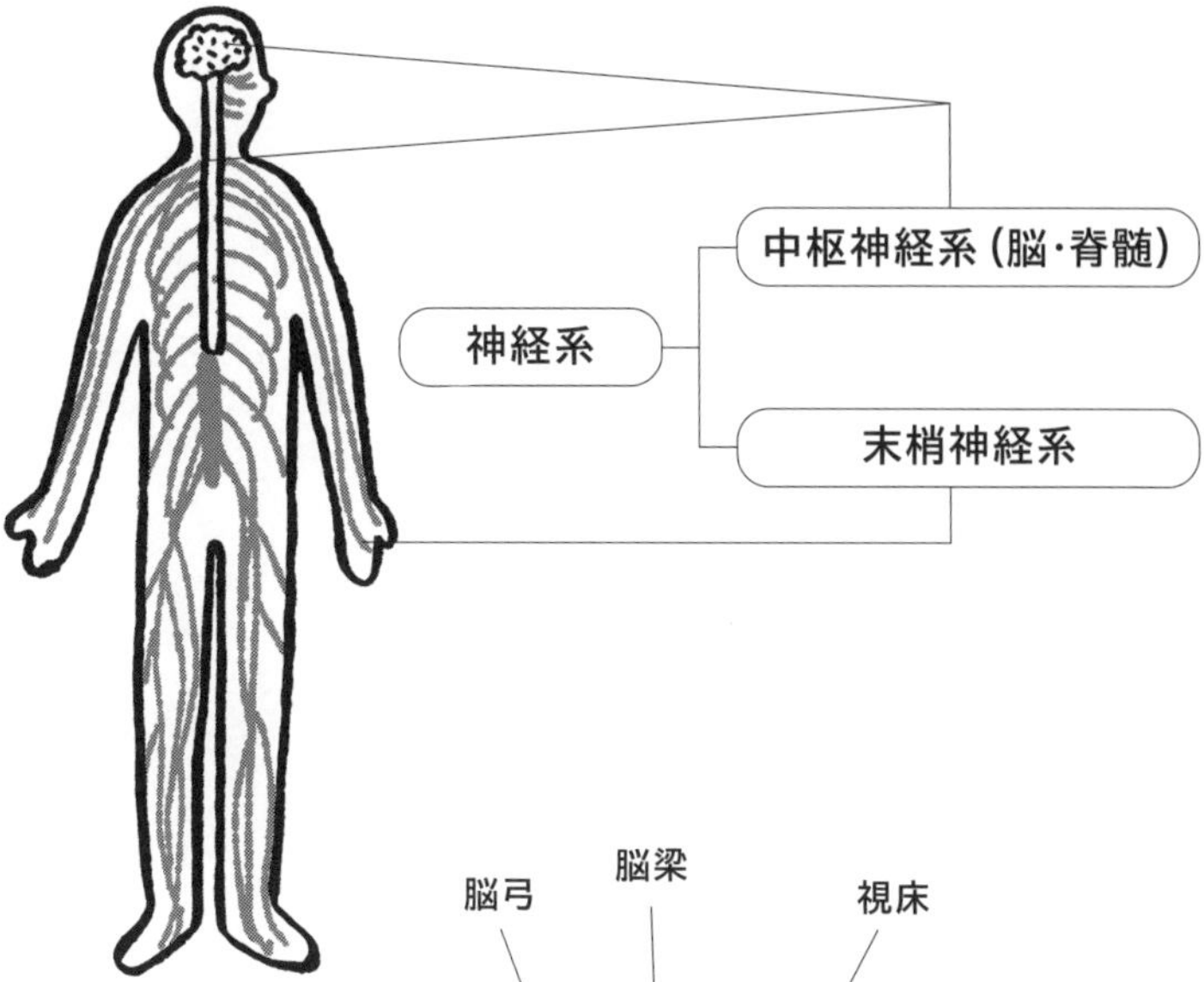
中枢神経系（脳・脊髄）
神経系
末梢神経系

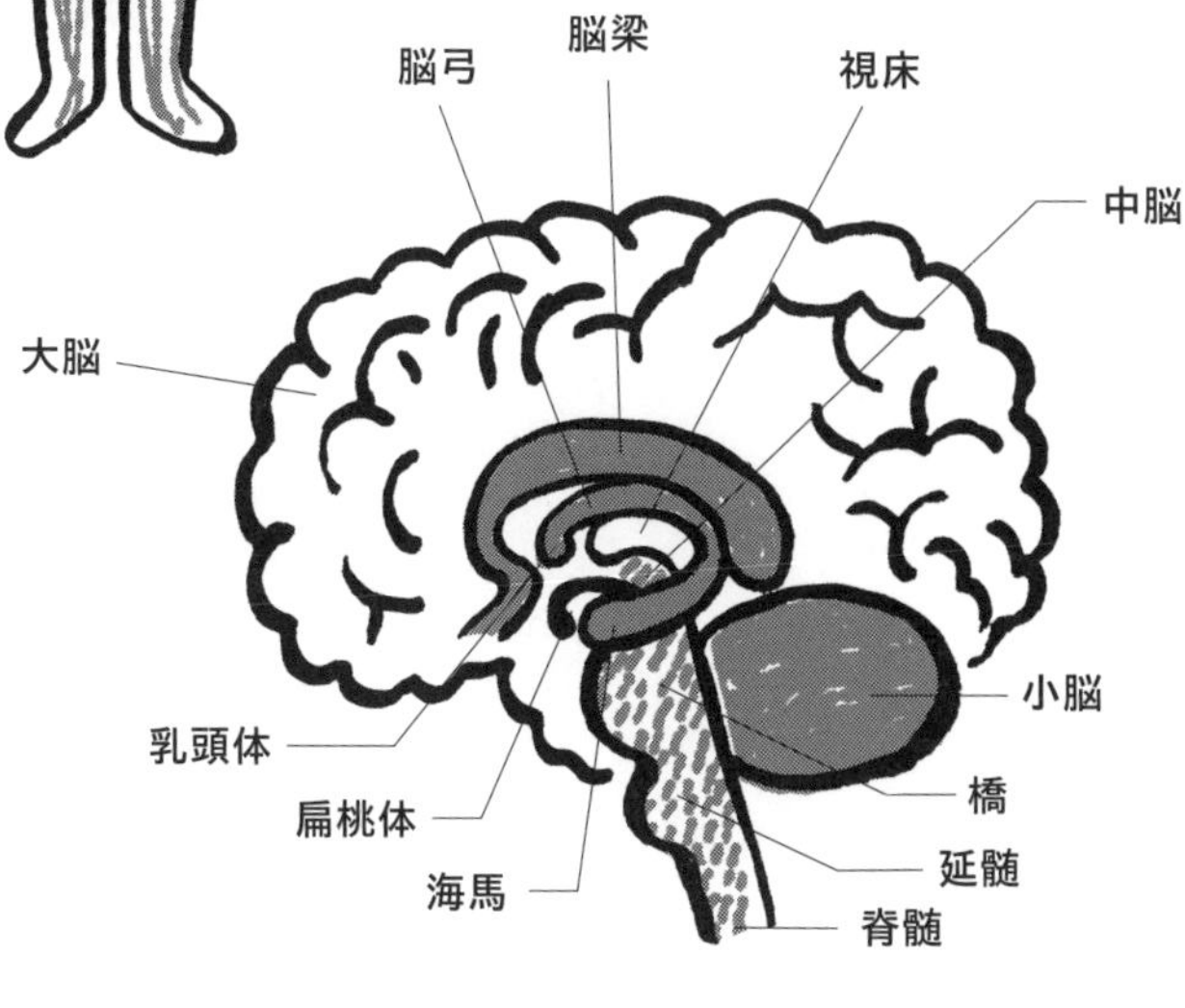
脳弓
脳梁
視床
中脳
大脳
小脳
乳頭体
橋
扁桃体
延髄
海馬
脊髄

うか。別に、繊細さんは怠け者ではないんですが、そう感じてしまうんですね。

武田　私は、繊細さんの存在を知る前は自分を責めていましたが、感じる度合いがちがうとわかったことで、客観的に自分の状況を見られるようになりました。みんな当たり前のように働いていたけど、あんな長時間労働はやっぱりおかしかったな、とかですね。

名越　僕自身も、40代前半で死ぬ思いで診療しているときに、疲れ果ててアーロン博士の本を読んだら、砂漠に水が染み込むように、新しい概念として恩恵を受けました。革命的で救いのある概念だったと思います。繊細さんは今までの精神病理学とか精神医学になかった概念だったんでしょうか？

武田　今まで全く発見されていなかったわけではなく、心理学の「内向的」「抑制的」「恥ずかしがり」という概念のなかに含まれていたり、一般の人からは「神経質」と表現されていたりしました。パーソナリティ（性格）の研究においては、何が基本的な気質で、何が生育歴等による副次的なものかの混乱があったところ、基本的な気質としての「敏感さ」に焦点を当てて、フラットにとらえ直したのがアーロン博士なんです。社交的であることが理想とされる文化のなかで、鋭い感受性はネガティブにとらえられてきましたが、フラットにとらえ直したことで肯定的な側面も見えてきた、ということだと思います。

名越　たとえば、不安障害やパニック障害のような心の病気として治すもので

繊細さんは「良いもの」も
「つらいもの」も両方キャッチする

はないと。病気なら治療するものですが、繊細さんというのはまさに自分の生まれつきの気質で、治すものではないので、かなり位置づけが異なりますね。

武田　はい。大前提として、ＨＳＰは心理学の概念で、不安障害やパニック障害、うつなどは医学の概念です。医師は医学に基づいて診断しますから、たとえば病院に行ってＨＳＰの相談をしても、ＨＳＰだという診断書を書くことはできなくて、患者さんの状態を見て、不安障害やうつなど医学の枠組みで診断することになります。

　私のところには「病院でうつだと言われたけど、そうじゃなくてＨＳＰだと思う」とご相談にくる方もいます。実際には、繊細さんであり、かつ、うつ状態だという場合もありますから、的確に判断しようと思ったら医学の知識も心理学におけるＨＳＰの知識もどちらも必要です。ですが、インターネットやＳＮＳでは、後天的な疾患とＨＳＰ気質が混同されたまま広まっています。

名越　わかります。たとえば、何かパッと書類を見て、ここに間違いがあるなとか、もっとこうしたほうがいいなって他の人が気づかないところまで気づくのはその人の気質であって、不安障害やパニック障害に対する光の当て方とは

「繊細さん」と不安障害・うつなどは別物

HSP（繊細さん）	不安障害・うつなど
〈心理学の概念〉	〈医学の概念〉
D：深く考える O：刺激を受けやすい E：共感力が強い S：よく気づく	うつ、気分変調症、 PTSD、パニック障害、 全般性不安障害、 強迫性障害など
↓	↓
先天的な気質	後天的な疾患（病気）

ちがう。

武田　そうなんです。**生まれつきの気質なのか後天的な症状なのか、両者を見分けるポイントのひとつは「不安の強さ」**だと私は考えています。

職場で書類を見たときにパッと間違いに気づくのは、繊細さんにとって自然なこと。一方、「『間違っていたらどうしよう』と不安で、何度も書類をチェックしてしまう」というのは後天的に起こった神経質な状態です。

繊細さんは細かなことによく気づき、深く考える性質をもっていますが、これは「自然体でもよく気づき、深く考える」ということであって、

「傷つきやすい」「人の顔色をうかがう」「神経質」などの後天的な状態とは別物なんです。

アーロン博士もHSPと神経質を区別していて、著書で「臆病や神経質、心配性や落ち込みがちな性格というのも、HSPがもって生まれた遺伝的なものではなく、後天的なものである」と述べています。（『ひといちばい敏感な子』エレイン・N・アーロン、一万年堂出版）

HSPは小さなことにも気づきますが、気づいたことに対して「大丈夫だ」と思えるか、「心配で仕方がない」となるかは、育った環境やそれまでの経験に影響を受けるんです。

名越　それらに足を引っ張られるか、それとも経験によってトレーニングしてコーピングできているか、ということですよね。

武田　はい。繊細さんというと、マイナスな部分に注目されやすいのですが、この気質には仕事に活かせる面もたくさんあります。たとえば、深く考える分、効率的なやりかたを編み出したり、営業の方であれば、相手のニーズを汲み取り、あらかじめ必要な情報を用意しておくなど、きめこまやかなフォローで顧客からの信頼が厚かったり。

名越　調子の良いときは、それで仕事もうまくいきますからね。反対に繊細さが悪い方向に向かうとガタガタになる。それはなぜなんですか？

武田　職場との相性が大きいと思います。繊細さんはまわりの環境から影響を受けやすい分、自分に合う職場や仕事内容であればどんどん力を発揮できますし、逆に職場が合わなければ、たくさんのことを感じる分、ストレスフルになる。誰しもそういう面があると思いますが、繊細さんは特にその傾向が強いと思います。全部がぴったり合わなくてもいいから、「だいたい自分に合っている」と感じる職場にいることが大事なんです。

会社で働いていると部署移動もあるし、仕事の状況も変化していくから大変です。「以前の部署は人間関係が良くて充実して働けていたけど、異動になったら『もっとこうしたら』と意見を言える雰囲気ではなくて、気持ちが落ち込む」とか「数年前まで5人でやっていた仕事を、人員削減で2人でやらないといけなくなった。数年前まではこの仕事が合っていると思っていたのに、今はもう忙しすぎて続けられない」といったご相談もあります。

一度立ち止まって
振り返る時間も必要

あまりにも多くのことをやらないといけない状況だと、感じる量が多いうえに、深く考える性質ですから、脳の処理量が膨大になります。あれもこれもと慌ててパニックになると、持ち前の深く考える力も発揮されにくい。自分のキャパシティをよく知って、こまめに休憩を取ったり、「これ以上は仕事を引き受けられない」と上司に相談することも必要になってきます。

忙しいときほど、目の前の状況に巻き込まれて走り続けてしまいますが、**一度立ち止まって、心と身体が無理をしすぎていないか、振り返る時間が必要なんです。**

繊細さんの素敵なところ

名越 最近では、繊細さんはメディアでもたくさん取り上げられて、芸能人や著名人の方も、繊細さんであることを公言する人も増えています。それもひとつの特徴ですね。

武田 HSPは背が高い・低いのようなもので、フラットな気質なので言いやすいのかもしれません。それに、自分が繊細さんかどうかがわかりやすいのも理由のひとつだと思います。

名越 これまでは、ネガティブに性格の問題だと言われたりしていたものが、そうではなくて気質だとわかったから、言いやすい面があると感じます。

武田 『「繊細さん」の本』を出版したり、TVや雑誌などのメディアに出るとき、私は「HSPは素敵な気質だよ」と伝えてきました。先ほどお話したように、繊細さんだからこそ深く味わえる幸せもたくさんあります。

仕事でもプライベートでも、繊細な気質が活きる場面はたくさんあって、相手の気持ちに寄り添った対応をしたり、よく気づき深く考える性質によってミスを未然に防いだりします。

ＳＮＳでは「繊細さんに向いている仕事は○○」と書かれていますが、特定の仕事しかできないなんてことはなくて、実際には営業、事務、接客業、看護師、救命救急の医師、自衛隊、イラストレーター、アイドル、研究者、経営者など、あらゆる職業に繊細さんがいるんですよ。

ＨＳＰが広く知られる前は、テレビや雑誌もＨＳＰをどう伝えればいいのか、未知の部分があったんだと思います。「繊細さを放っておくとどうなるのか」みたいなネガティブな切り口で雑誌やテレビの企画が来ることもありましたが、「そうじゃないんです！」と裏で戦いながら広めてきました。

名越　孤軍奮闘の部分があるから、けっこう激しいストレスでしょうね。

武田　大変さはありましたね。でも、メディア側にも繊細さんのスタッフがいて、助けてくれました。「繊細さは病気じゃないってことですよね。その点、上司によく説明します」と言ってくれて。メディアに出演するときはかなり細かくお願いしていて、「繊細すぎる」という言葉も使わないでほしいと言っています。現代の「〜すぎる」には「不適切だ」というニュアンスが含まれるからです。web記事ではタイトルで目を引きたいという先方の意向がありますし、こちらの要望がすべて通るわけではないんですが、せめて本文中では使わないでほしい、悩みだけではなく繊細さんの良い面も載せてほしいなど、フラットなニュアンスを伝えようとしてきました。

名越　よく喧嘩にならなかったですね。僕は何度も絶望的な気持ちになってしまったことがあります（笑）。まあ原稿ならほとんどのケースで大幅に直すことになるのですが。

武田　こうした積み重ねが効いて、芸能人の方も公表できる環境になってきたのかなと思います。

名越　そもそも「繊細さん」というタイトルがポジティブでキャッチーですよね。ちょっと天才的やと思う。

武田　実は「繊細さん」は当事者の間で使われていた呼び名なんです。これは、ホームページやインタビューにも載せているんですけど、私が会社員時代にコーチングを受けていて、その先生が「繊細さん」という表現をされていたんですね。繊細さんという呼び名がコーチのまわりで使われていて、私もその一人でした。

その後、私がＨＳＰのリンク集を作ったり、ホームページで情報発信をはじめたときに、コーチに「『繊細さん』という言葉を使っていいですか？」と相談して、使わせていただいています。

名越　リンク集も作っていたんですね。

武田　はい。繊細さんたちとつながるために、２０１４年に繊細さんたちのブログのＵＲＬをのせたリンク集を作ったんです。当時はＨＳＰという言葉も知られておらず、ハッシュタグもない時代ですから、繊細さんたちがどこにいるのか見つけられなかったんです。そこで自分のブログを通して「リンク集を作るので、繊細さんがいたら手をあげてください」と呼びかけて。半年で１５０人くらい集まって、「こんなにたくさんいるんだ」と驚きました。

２０１４年頃は、発達障害やアスペルガー症候群という言葉が、バっと世のなかに広がった時期で、「ＨＳＰのカウンセリングをしている」と言うと、「それって発達障害？　それとも何かの病気？」という反応をもらうことが多かったんです。アルファベット3文字だけでは病気や障害だと誤解されやすかったので、日本語で伝えたほうがいいと思って、「繊細さん」という言葉を使っています。

名越　アスペルガー症候群は、以前は「自閉症」や「特定不能の広汎性発達障害」などと別々の障害だと考えられていましたが、今は「自閉スペクトラム症」とまとめて表現されていますね。自閉スペクトラム症には、対人関係が苦手で、強いこだわりをもつといった特徴が見られます。

明瞭な現象が認められる自閉スペクトラム症は、ある程度誰が見ても判断がつくと思います。でも、そうではなくて仕事に全然集中できないとか、関心のないことには全く集中できないという人は大人でもいっぱいおられますよね。いわゆる、大人のアスペルガー症候群もよく話題に上ります。そのなかで、発達障害と繊細さんの関係性はどうとらえていらっしゃいますか？

武田　人間の神経系には多様性があり（ニューロダイバーシティ）、発達障害の方もそうでない方も繊細さんも、多様性のなかのひとつなのだろうと思っています。何をもって「障害」と言うかは社会側の都合であって、本人にとってはそれが普通なんですから。

こうしたニューロダイバーシティの考え方も近年広がってきていますが、現行の枠組みでは、発達障害は医学の概念なので病院で診断が行われます。一方、HSPは内向的・外向的と同じように心理学の概念であり、発達障害や病気という分類ではないので、病院の先生が診断するものではないです。

出どころが医学なのか心理学なのか、診断がつくのかどうかはさておき、HSPと発達障害の関係が実際はどうなっているのか、ですよね。

発達障害には大きく分けて、自閉スペクトラム症、ADHD（注意欠如・多動症）、LD（学習障害）がありますが、この3つは併存することがあります。自閉スペクトラム症かつADHDということがあるんですね。

HSPはどうなのかと言いますと、HSPとADHD、LDは併存する場合があります。繊細さんでいろいろなことに気づくんだけれど、ADHDの傾向があって電話と同時にメモを取るのが困難だとか、職場で仕事をしていても、話しかけられるとそれまでやっていたことがスコーンと頭から抜け落ちてしまう、という方がいらっしゃいます。

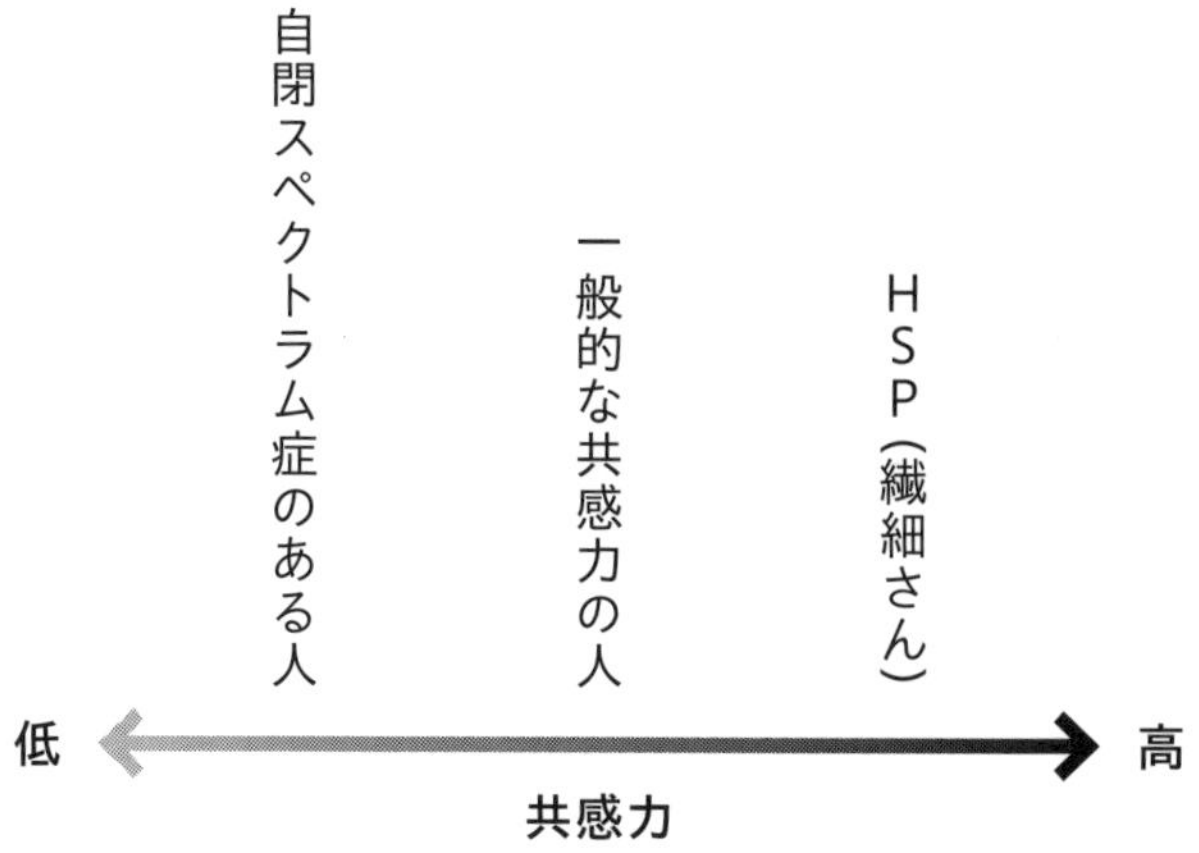

ただ、自閉スペクトラム症はＨＳＰと併存することはないと考えています。光や音に敏感に反応するといった感覚の鋭さから、繊細さんが自閉スペクトラム症だと診断されたり、逆に、自閉スペクトラム症の方が自分は繊細さんだと思ってご相談にいらっしゃることがありますが、別の性質です。自閉スペクトラム症では人の気持ちを読み取るのが難しいのに対し、ＨＳＰは人の気持ちを察しやすく、共感力が強いというちがいがあります。

　私のイメージなんですが、共感力を横軸にすると、上の図のようにグラデーションになると考えています。まず真ん中に一般的な共感力の方。左側が自閉スペクトラム症の方で、右側が繊細さん。共感力という視点で見ると、繊細さんと自閉スペクトラム症の方は逆の性質なんです。

名越　わかります。そういう軸で見るんですね。

武田　私は身近に自閉スペクトラム症の方がいるんですが、やはり自閉スペクトラム症と繊細さんは別物だという印象があります。

名越　面白い。それはどういう点で？

武田　たとえば、自閉スペクトラム症の方は言葉が伝わっているようで、全く伝わっていないことがあります。言葉の背景にあるこちらの思いとか、過去にこういうことがあったという前提がスコーンと抜けて、なかなか伝わっていかない。まずそこでちがいます。

名越　言葉の背景にある景色というか豊かさみたいなものが、うまく伝わっていかないという感じですね。

武田　反対に、繊細さんは言葉の背景がよく伝わります。深く考える性質ですし、非言語のやりとりが多いので、こちらが1を話しただけで、相手の中に10

の思考が広がっていく感じです。漫画だと、声に出すセリフは一言でも、心の声が背景にたくさん描かれることがありますよね。繊細さんとの会話はそういう印象があります。表情のコントロールや、相手の言葉をどこまで待つのか、といった間合いも細かいです。
ロンドンブーツ1号2号の田村淳さんは繊細さんだと公言されていますが、淳さんのラジオに出たときにもそのことを感じました。私が今喋ろうとしているのか、それとも話が終わったのかをこまやかに見てくださり、ギリギリまでこちらの話を待ってくださった印象がありました。

それほど言葉の伝わり方がちがいます。だから、繊細さんたちと関わりはじめたとき、まるで母国語を話せる人と出会ったように感じました。

名越　そうか、繊細さん同士は母国語で話しているくらい接しやすいんですね！

武田　はい、繊細さんたちと出会って「やっと自分の家にたどり着いた」という感覚でした。

繊細さんの4つの性質

名越　お話を聞いていると、武田先生もそうとう苦労されたんですね。

武田　ええ。私の育った家は、あまり心が通用しない家だったんですね。暴力や暴言はないけれど、気持ちのやりとりが少なくて安心感もあまりない、と言いますか。これは私が感じていたことなので、親からはまた別の景色が見えるだろうと思います。人間のあたたかい心を感じられずに育ったので、私は人の心がどういうものなのか全くわからなかったんです。

だから、のちにカウンセラーになったとき、深く話せるカウンセリングが面白くてしかたなかったんです。カウンセリングは、相手とコミュニケーションしながら深く潜って、心を見ていくものです。心ってこんなにもあたたかいんだなとか、人間の変化は神秘的だなとか、カウンセリングを通して人間というものを学んできました。

アーロン博士は、繊細さんには、「D：深く処理する（考える）」「O：過剰に刺激を受けやすい」「E：感情反応が強く、共感力が高い」「S：些細なことにもよく気づく」という4つの性質（DOES《ダズ》）があると提唱しておられます（63ページ参照）。私は、これらは相手への思いやりや、幸せを深く味わうことにつながる大事な要素だと思っています。

名越　現代人にはそれらが欠けているように感じますね。ないがしろにされているというか。先生なんか、一番最前線でやっているから直に感じているかもしれないけど、要するに人間が人間として生きていく幸せの要を、現代では意識してつなぎ止めないといけない。幸せはおそらくどんな人にとっても人生の主要な目的なのだけれど、それに対して今までほとんど体系だった研究がないということは、どこかで人類が無意識的にそれを避けてきたとしか思えないくらいです。

というよりむしろ、なぜそれくらい執拗に避けてきたのかということに僕はすごく関心があるんです。つまり、こうなったら幸せになれると言われれば、十分吟味することもなく人間はそれに励みはじめる。

しかし、そのなかには人間の心そのものを束縛し、疲弊させるものも少なくない。それは武田先生の著書のなかに書いていることにも大きなヒントがあるような気がします。繊細さんと言われる感性をもっている人も、はじめから自分らしいリズムで、余裕をもって生きていけたなら、これだけ武田先生が大変な思いをして伝える負担はないのかもしれない。

ちがう言い方をするなら、人と自分を比較しなくとも、自分のありのままをある程度貫いていいような余裕がもてる。あるいは自然な自己観察ができるような日常、そういうものが削られている。先生の本のなかで、料理をしてその匂いを感じたときに「ああ、今私幸せなんだな」というのをリアルに実感したというお話がありましたが、やっぱりこういうことが繊細さんの生活の幸せの軸ということになるのでしょうか？

武田　私はまだ未熟者ですが、〝自分の感覚を通して味わえる〟ということ自体が幸せなんだろうなと思っています。仕事での成果は充実感にはなりますが、自分の内側から湧いてくる幸せって、お味噌汁を飲んでほっとするときとか、夕日を眺めるときとか、そういう「感じること」のなかにあるんだろうと思っています。

名越　感じることのほうがより一義的ですよね。成功は観念じゃないですか。

武田　ああ、なるほど。やっぱり心と身体を感じながら生きることが大事だと再認識しました。

名越　でも、繊細さんは絶えず急かされている感覚がありませんか？

武田　ありますね。

名越　そうすると、繊細に感じることができても、感じすぎてしまうので、それを遮断しないと前に行けない。遮断するうちに、ある種乖離《かいり》してしまいますよね。実は自分は鈍感なんだと思っている人すらいるかもしれません。

武田　相談者さんからも「自分は繊細さんじゃないと思っていた。でも、感じないように塞いでいただけで、本当はいろいろと感じているし、繊細なんだって気づいた」と聞くことがあります。

名越　そういう自己認識の隔たりがあるような気がします。たとえば料理をするというのは繊細さんにとってどうなんでしょうか。段取りがあって、それに沿っていると、その間にリズムを取り戻せて、無理に遮断している感覚が戻りやすくなるというか。そんな風に僕は受け取っていたんですけど。

武田　はい、戻りやすくなると思います。スマホでSNSを見たり、パソコンに向かって仕事をしていると、バーチャルな世界にどっぷり浸かって、いつの間にか身体の感覚が失われている気がします。たとえばネットフリックスを見ていると、頭のなかはドラマの世界にいるけれど、身体は自分の部屋にいる。スマホやパソコンを見ている間中、頭と身体の経験が一致しない状態が続いていて、これはけっこう負担だなと思うんです。「家に帰っても仕事のことで頭がいっぱい」というときも、頭のなかと身体のズレがあって、こうしたときに料理や裁縫などの手仕事をすると、頭と身体が一致して、感覚が戻ってくるように思います。

名越　僕は『「ひとりぼっち」こそが最強の生存戦略である』（夜間飛行）という本に、心を落ち着かせる方法としていくつか紹介しているのですが、慌ただしい日常の雑事でも、丁寧に行うことで、心を落ち着かせることができます。

　たとえば、テーブルの拭き掃除をするとき、ただ「テーブルが汚れているから」と思ってササッと拭くのと、ほんの少し意識して心を込めて拭いているのでは、終わったあとの感覚がちがいます。ふきんを濡らしてしっかりと固く絞る。それをきれいにたたんで、丁寧に拭く。そうすると、「心」と「物」が一体化するような感覚が生じて、だんだんと心が落ち着いてくるのです。このように物との感応を利用して心を落ち着けることは実は仏教の瞑想がヒントになっています。いわゆる「行《ぎょう》」ですね。**眼鏡を丁寧に拭く、毎朝トイレ掃除をするなど、何でもない日常の行為であっても、身体感覚を目覚めさせることで心が落ち着くのです。**

やってみよう

裁縫やトイレ掃除など、
日常の行為を丁寧に心を込めて行う。

⬇

身体感覚が戻ってくる!

ＨＳＰのカウンセリングはどんなことをするの？

武田　名越先生にお伺いしてみたかったんですけど、私の場合は繊細さん相手のほうがより言葉が伝わる感覚がありますが、名越先生はそういう風に言葉が伝わりやすい・伝わりにくいと感じることはありますか？　テレビなどでいつも楽しそうにお話しされているように思います。

名越　それは、たとえば『シューイチ』（日本テレビ・毎週日曜放送）の仲間は本当に素敵な人たちですから。10年やっていますし、中山秀征さんたちと話しているときは楽しいですよ。一番楽しい瞬間はコマーシャルの間にみんなでいろいろと振り返って喋っているときだったりしますね。でも、それはいわば特殊な環境です。一方で、僕は本当の意味では人が言語によってコミュニケーションを取ることは無理だと感じている部分があります。

僕は小さい頃に「何で僕はこの人たち（両親）の子どもとして生まれてきたんだろう」って不思議やったんです。親は自分とちがう生き物か宇宙人か機械なんだと思っていて、それぐらい違和感があったのが原体験なんです。

一方で少数の親友はいましたね。その子たちとはいつも遊んでいました。幸せなことに、小学校にはそういう自分とぴったり一体感のある友達が3～4人ぐらいはいました。しかし、それはいわば圧倒的に例外で、その他の人と話すときにはあたたかいものでつながっているという感覚は全然なかったです。

それでカウンセラーになって診療していても、相手と気持ちがつながることはめったにないのだと気づきました。それは偶然の恩恵だというぐらいに思っていましたね。だから言葉を尽くして相手に自分の言いたいことを正確に伝えなければならないと、これでも僕は思っているんですよ。なぜかというと言葉に対する信頼がないからです。武田先生と僕で異なっていて面白いと思うのが、武田先生は言葉の力を信じておられる。僕は言葉の力を信じたいんだけど信じられない。だから今は音楽をやっています。

武田　なるほど。もっと感覚的な方向へ。

名越　そうそうそう。叫びのようなもののなかではじめて人間は一体になれるんじゃないかと。だから僕ね、音楽をやりだしてから活字も音として聞けるとわかって、今一番オーディオブックを聞いているんですよ。最近は宮沢賢治の童話をずーっと聞いているの。活字ではなく音として聞いたら宮沢賢治の感性はすごいと、60歳になってはじめてわかってきました。

武田　その意味で言うと、私は音よりも活字を信頼していますね。話し言葉ではうまく伝える自信がなくて、喋りながらだとパソコンを打てないみたいな感じです。

名越　ああなるほど、喋るということにワンクッションあるということですね。

武田　はい。言葉を尽くして書くことで、ようやく伝えられるといいますか。言葉を文字にして整理したり、深掘りすることではじめて、思いや感覚を伝えられるんです。

名越　カウンセリングのときはどんな感覚でクライアントと話をされているんですか?

武田　カウンセリングは、頭の上のほうで浅く考える日常会話や、本を書くときの深海モードとはちがって、中間くらいの深さにフィールドを張ってスタートします。「ここは安全ですよ」というフィールドを芝生のようにばーっと広げて、相談者さんにそのなかに入ってもらって自由に話していただく感覚です。

名越　つまり、安全域を作るというか、二人の空間に結界を張っていらっしゃるんですね。

武田　はい。そのなかで自由に話してもらいます。そして、その方の人生の物語に自分が降りていく。物語のなかに立っていると、この相談者さんはこっちに行きたいんだなって風が吹くみたいに感じることが昔からありました。

名越　おっしゃられていることはよくわかります。

武田　相談者さんの物語に降りるのは、漫画や小説を読む感覚と似ています。ストーリーが進むにつれて、主人公の複雑な思いや、物事のつながりが見えてきます。漫画だと、たとえ主人公に自覚がなくても、表情や言葉遣いから、読者は「主人公はこの人が好きなんだろうな」とわかったりしますよね。相談者さんのお話を聞くとき、そうした感覚があります。子どもの頃から物語を読んできた経験が、相談業に活きているのかも知れません。

名越　ちなみに、小さい頃はどういう物語を読んでおられたのですか？

武田　『西遊記』やミヒャエル・エンデの『モモ』などの児童書です。自分で絵本も描いていました。

名越　絵と物語、両方ですか？

武田　はい、絵も描きますし、物語も書きます。でも、今は書いていなくて、カウンセリングに夢中ですね。人生はノンフィクションの物語だから、フィクションよりも断然、興味深いです。

名越　ノンフィクションの凄さは、偶然のようで必然性があることでしょうか？

武田　相談者さんの物語はこちらの想定をはるかに超えていて、「ここがこうつながってるの？」という驚きがあります。生身の物語の凄さですね。自分のことを話し、聞いてもらうことで、ある地点で足踏みしていた物語が動き出すのだと思います。私自身も精神科医の先生にカウンセリングを受けていたことがありますが、話をしたら、生きるのがだいぶ楽になったんです。ただ、ある程度山を越えたあとも「先生から見たらまだまだだろうな」と通い続けたら、どんどん元気がなくなっちゃったんですよ。

名越　それは興味深い話ですね。

武田　カウンセリングに行くこと自体が「自分はまだ治っていない」という認識になってしまったんですよね。だからあるとき「今は困っていないからもうやめよう」と思って行くのをやめたら、元気になったんです。こんな話をしていいのかわかりませんが（笑）。

名越　先生ね、それはクライアントとして天才的やわ。

武田　えっ、どうしてですか？

名越　もちろん焦って先走ってはいけないのは当然なんですが、今のお話の範囲内では、僕なりに確信を感じます。僕はもう個人的にクライアントはほとんどとっていないんですが、カウンセリングをしていると、そういうことがあります。不思議なことにね、3年ぐらい経つと、ふっといなくなるクライアントがいるんです。そういうときは「ああ、旅に出たんだなあ」と僕は思うんです。そうして半年ほどしたらね、もう対等の関係で帰ってくるんです。だから、行くのをやめたことは悪いことではないですよ。

旅に出る（カウンセリングを卒業する）ときがくる

武田　そうなんですか！

名越　その半年とか1年ほど、長ければ数年がとても大切な期間です。「自分はこの人に守られないと」とか「自分はこの人の教えを受けないと」っていう風に思っているときは、まだやっぱり心がしんどいわけじゃないですか。それをリセットするのに、期間が必要なんですよ。

武田　リセットに期間が必要だということ、よくわかります。カウンセリングには、相手の価値観に触れることでしんどい状態から引っぱり上げてもらう側面がありますが、自分を助けてくれた先生の価値観内にずっと収まっていることはできなくて、いずれその価値観の外に出るときがくるんだと思います。

著書『繊細さんが「自分のまま」で生きる本』（清流出版）に書いたんですが、繊細さんにも、自分のままでのびのびと生きるまでの道のりがあるんです。

赤ちゃんとして生まれたときは「自分のまま」ですが、育つにつれて、家庭や学校、社会の価値観に適応していきます。適応自体はごく自然なことですが、本来の自分からあまりにも離れてしまうと行き詰まりが起こります。まわりの人や職場に合わせようとして無理が続き、働くことがつらくなったり、人間関係で同じパターンのトラブルを繰り返すような状態です。行き詰まることによって「何かがおかしい」「こんなのはもう嫌だ」と思うようになり、そこから自分なりの生き方を模索しはじめます。

次にくるのが、ストレスから距離を取り、休んだり遊んだりしながら自分なりの生き方を模索する時期です。頑張り続けてきた人はのんびりした時間を多めに取るなど、これまでの価値観とは反対のことも大切にしていきます。

のびのびと生きるまでの道のり

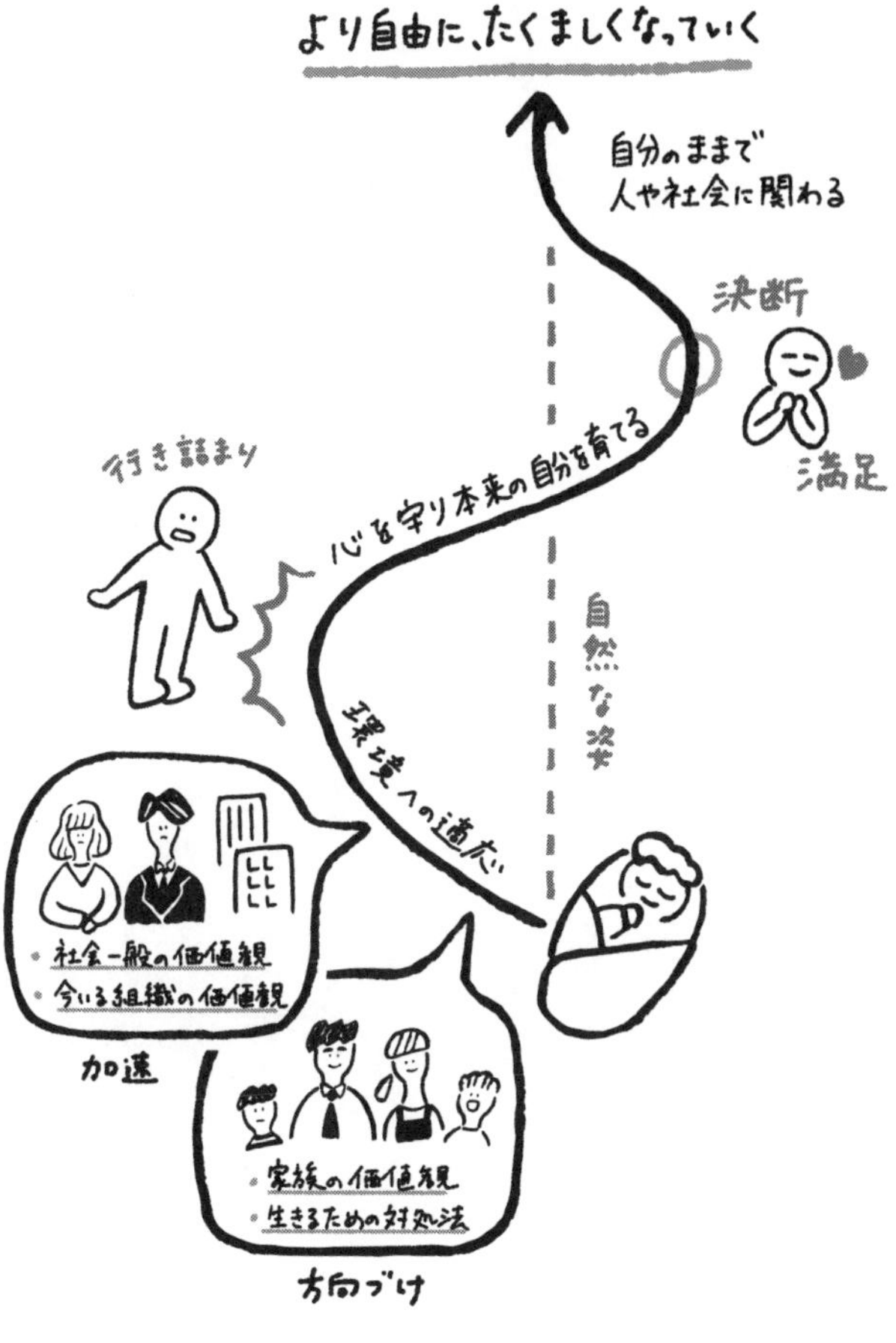

『繊細さんが「自分のまま」で生きる本』武田友紀著
（清流出版）より作成。

本音と感性を大切に、休んだり遊んだりすることで、「本来の自分」が育ちます。すると、まわりのニーズを繊細に感じながらも人や社会に揺さぶられにくくなります。これまでの価値観から自由になり、選択の幅も広がって、今までよりももう一段階「自分のまま」で人や社会と関われるようになるのです。

私自身もこの道のりを通ってきましたし、繊細さんへのカウンセリングでは、特にこの「本来の自分を育てる」ところをサポートしています。

名越　しかし、スペクタクルですね、武田先生の人生も。

武田　ええ。今思えば必然のもとに、自分の気質を経験してきたと思います。

名越　僕なんかはどちらかというとある意味ずさんで、なんでも屋じゃないけど、何にでも興味をもつ傾向があったんです。38歳で開業するときに保健所に行ったら「先生は何が専門なの？」と聞かれて。病院時代は精神科の救急のチーフだったんですが、一方では子どもたちを児童相談所で20年間診てきました。「施設にもいたことがあるし」などと言い出すと「先生それやったらあかんねん、何でもできるんやったらなんも宣伝にならへんねん」と保健所の方に言われて。「そしたら思春期にしときましょうか」というやりとりがあったくらい（笑）。武田先生もＨＳＰという専門分野のことだけではなくて、様々なことをされていますよね。

武田　はい。カウンセリングって相談者さんの人生の物語を読ませていただく仕事だと思います。絵を描くことも、心の物語を描く行為です。だから「物語」という核が自分のなかにあって、そのひとつの表れがＨＳＰ専門カウンセラーなんだと思います。

名越　なるほど。つまりＨＳＰ専門カウンセラーにそれほどアイデンティファイしているわけではなくて、ひとつの役割としてそうしている。

武田先生の本に書いてあった、「あなたの人生を取り戻すためにあなたはリスクを冒すべきだ」というニュアンスが、かえって僕はすごく勇気づけられるんです。僕自身も、何年経っても生きづらい。生きづらくなかったら、今のような仕事はしていなかったと思います。僕が大阪府立中宮病院（現大阪精神医療センター）を辞めるとき、親に反対されましたが思いきって開業しました。それから5年も経ったら、今度は「俺は東京に行ってテレビに出る」とか言い出してね。テレビに出て、本もいっぱい出させていただいたと思ったら、「俺はもうそろそろミュージシャンになる」とマネージャーに話したり。60歳になっても自分をずっと探している（笑）。それって頭おかしいですから、人に対して自分のようにリスクを冒すべきとは強く言えなかったところがあります。

武田　そうなんですか。

名越　僕の生き方は定石ではありませんから、けっこうエネルギーがいる。それでも僕についてきてくださるお弟子さんがいるんですが、そのときに、僕と出会ってよかったのかな、この人は獣道を歩いているんじゃないかなと思います。けれど、武田先生の本を読むと「行けよ！　そのまま行け！」っていう感じに読めて。

武田　けっこう、スパルタだと思います（笑）。

名越　すばらしい。僕は武田先生の本を読んで感動したんです。「そうか！」とターザンが森のなかで「野生に戻れ」と叫んでいるのを聞いたような感じになりました。

武田　私は会社員時代の経験から、**自分に合わない場所で努力するのではなく、合う場所に移動することを頑張ったほうが良い**という思いがあるんですよ。

名越　それを今日先生から教えられました。僕はいわば変わり者で、いろいろあって結果的に病院を辞めたんですね。もちろんそれに後悔も何もないのですけれど、それでもほんの少しモヤッとしたところがある。そのまま残っていたほうがまともだったのかもしれないのに、何で病院を飛び出たんやろうという不思議さがほんの少し残っていたのですが、僕のなかでさらにバランスが取れたというか、吹っ切れた気持ちですね。

武田　私は会社員時代、自分に合わないスピードでひたすら働くのがつらくて、でも、本当につらいときは何も感じられなかった気がします。合わない環境で頑張り続けるためには、「つらい」「疲れた」と感じる感性を塞ぐしかないので。

フリーランスになってからは、会社員のときよりも長時間働きましたが、それでも気持ちは全然ラクだし、充実しているんですよね。身体は疲れても心は元気なんです。

名越　どちらのほうがみずみずしくて自分らしい感覚を日々手に入れているか

ですよね。そのことを確信しました。

繊細さんが自分らしく生きるには

名越　自分らしく生きることが一番なんですよね。では、繊細さんが自分らしく生きていくには、どうすればいいでしょうか？

武田　自分の本音がわかるようになって、その本音を少しずつ大事にできるようになると、元気に生きていけると思っています。本音と繊細な感性が、人生のコンパスになってくれるんです。「なんとなくこうしたいな」という感覚が「こっちに進むと幸せだよ」と教えてくれます。

名越　それはたぶん先生の核心部分ですね。自分が本当に大事に思っていることなら、人が「大変だよ」って言っても歩いていけますし。不思議ですけど、これだっていうものに出合えたら、変われるんですよね。それに出合う前に諦めてしまう人もまだまだ多いのかもしれませんが。

武田　「これだ」と思えるものにたどりつくには、本音を見分けるスキルが必要なんですよね。会社を続けるか辞めるかみたいな大きな決断にいきなり挑むのではなくて、たとえば「今日はどのカップでコーヒーを飲もうかな」とか「お茶にしようかコーヒーにしようか。今の気分はどっちかな」というような小さなところから、今の自分にフィットするものを選んでいく。

それができるようになると、大きな選択もできるようになっていきます。**繊細さんはまわりのニーズによく気づく分、自分の本音が後回しになりやすいので、本音に耳を澄ませることが大切**ですね。

名越　僕は先ほども申し上げたように、言葉に対しての不信感があるんですよね。言葉というものは大変な拘束力をもつ。だからこそ我々の心、というかいわゆる「自由意志」というものはなんとかして言葉に対抗しようとする。それはつまり、僕が何かを言っても多くの人は実践しないっていう確信なんです(笑)。逆説的に言うと、どうしたら主体性のなかに人間は身を置くことができるのかについて絶えず考えるようになるんです。どういうことかというと、動機がよほど高まっていないと人は生活パターンを変えることはできない。人間の生活パターンは20代後半くらいには、ある程度固まっていることが多いと思

やってみよう

小さなことから
自分が良いと思うものを選んでみる。

↓

本音が分かるようになる！

います。それを変えるためには、その人の動機が重要になってきます。だから、一律の対処法を提示することにはあまり展望がないと思うのです。これは冗談ですが、たとえば僕が瞑想を勧めても、取り組んでずっと継続できる人は1000人に一人もいないでしょう。

ただ、武田先生のおっしゃるように本音を大事にすることは大切だと思います。自分が人とはちがう感受性をもって生まれてきたということ、そういう体質・気質をもっていることを受け入れてみるということは肝心な気がします。それは、僕自身がそうだからわかるんですけど、繊細さんだからこそたくさんのことができると思うんですよね。人の話を聞いてちょっとでもちがう切り口でそれを分析できたり、漫画を読んでも「あれ？　この主人公って実はこんな別の面をもっているんじゃないか」と思いついたり。それはおそらく、僕のなかのHSP気質がそれをさせてくれていると思っています。

だから、それはれっきとしたひとつの能力なんですね。僕は小学生の頃、漫画家になりたいほど、絵を描くことが大好きで絵ばかり描いていたんだけど、図画工作の時間に必ず居残るんですよ。居残ることは全然苦痛じゃなくて、みんなが3時で終わるところ、僕は規定の時間内で終えられず5時まで描いていた。そんな子どもだったので人と足並みを合わせてやりましょう、人と同じスケジュールでやりましょうというのが苦痛以外の何物でもない。

学校だけでなくて、サラリーマンになってもやっぱり人と足並み合わせて共同作業をしようということになるでしょ。いやいや、足並みを揃えなくても共同作業ってできるんですよ。そのためにはちょっと勇気が必要ですよね。自分の生き方を全うしようという。大袈裟なことを言うようですけれど、「勇者は独り立つとき最も強し」という太宰治の本の言葉を小学校のときに読んでけっこう揺さぶられたことがあります。

もともとは18世紀のドイツの詩人・戯曲家・思想家であるフリードリヒ・フォン・シラーの言葉で、「本当に強い人は、一人で戦うときに最も力を発揮する」というような意味です。この言葉に衝撃を受けたのは、自分が人と同じスケジュールでやれないことをどこか負担に思っていたからかもしれませんね。毎日朝起きたら、自分を勇気づけてみる。そうやって生きていくことが繊細さんが自分らしく生きていく方法のひとつではないかと思いますね。

小さなことでも、
本音に気づいたら大事にする。
その積み重ねで元気に生きて
いけるようになりますよ。

自分がＨＳＰかどうかを知る方法

「私はＨＳＰなのでしょうか？」

カウンセリングの場で、相談者さんにそう聞かれることがあります。

現在のところ、ＨＳＰかどうかを知る方法は、

・アーロン博士のＨＳＰセルフテスト

・次にご紹介するＤＯＥＳに、全て当てはまるかの2つがあります。どちらも自己申告式（各設問に当てはまるかどうかを自分で判断する方式）になっています。

◆ＨＳＰセルフテスト

アーロン博士のホームページ（日本語版）で無料公開されています。

http://hspjk.life.coocan.jp/selftest-hsp.html

◆HSPの4つの性質（DOES《ダズ》）

アーロン博士は、この気質の根底には以下の4つの面（DOES）が必ず存在すると言います。4つのうちひとつでも当てはまらない場合には、おそらく「繊細さん」ではありません。

・D…深く処理する（深く考える）Depth of processing

あらゆることを過去の似たような経験と関連づけたり、比較したりして、深いレベルで処理する。様々な選択肢を考慮するなど、他の人が通常考えない深さまで考え、直感力に優れていることが多い。複雑なことや細かなことに目を向け、表面的なことよりも本質的なことを考える傾向にある。

・O…過剰に刺激を受けやすい Overstimulation

人一倍気がつき処理するため、人よりも早く疲労を感じやすい。大きな音や光、暑さや寒さ、痛みなどに敏感だったり、楽しいイベントでも刺激を受けすぎて疲れたり、興奮して目が冴えて眠れなかったりする。感じすぎた刺激を流すために、一人の時間や静かな時間が必要。

・E…感情反応が強く、共感力が高い Emotional & Empathy

共感力が強く、他者の意思や気持ちを察しやすい。HSPは非HSPよりもミラーニューロン（共感を生む働きをすると言われている神経細胞）の活動が活発だと言われている。事故や事件のニュース、暴力的な映画などが苦手な傾向にある。

・S…些細なことも気づく Sensing the Subtlety

小さな音、かすかな匂い、相手の声のトーンや視線、言葉の微妙なニュアンスなど、他人が見逃している些細なことにもよく気づく。気づきの対象は様々で個人差がある。

※エレイン・N・アーロン著『敏感すぎる私の活かし方』（パンローリング）、明橋大二著

『ＨＳＣの子育てハッピーアドバイス』（１万年堂出版）をもとに著者作成、一部追記。

ＨＳＰは病気や発達障害ではなく、気質です。光や音に敏感に反応するといった感覚の鋭さから、自閉スペクトラム症（自閉症、アスペルガー症候群などの発達障害）だと誤解されることがありますが、ＨＳＰと自閉スペクトラム症は別物です。自閉スペクトラム症では人の気持ちを読み取るのが難しいのに対し、ＨＳＰは人の気持ちを察しやすく、共感力が強いというちがいがあります。

◆ＨＳＰをめぐる様々な研究

・環境感受性

アーロン博士以外の研究者もＨＳＰについて研究しており、現在は「環境感受性」という言葉で研究が進んでいます。環境からどのくらい影響を受けるのか、その感受性には個人差がある、という意味合いです。環境感受性の尺度はＨＳＰの尺度と同じですので、環境感受性が高い＝ＨＳＰということになります。

・ＨＳＰと非ＨＳＰにはっきり分かれるの？

本書では繊細さん、非・繊細さんと表現していますが、両者がはっきり分かれるのか、それとも濃淡のようなスペクトラム（連続体）なのかは、研究者の間でも議論が分かれています。感受性グループは高・低の２つではなく、高・中・低の３グループに分類されるという研究もあります（論文５）。

・ＨＳＰは５人に１人？

アーロン博士の調査によれば、20％の人がきわめて、あるいはかなり敏感とのことであり、猫・犬・馬・猿などの高等動物においても非常に敏感な性質を持つ個体は15～20％程度と言われています（論文１）。一方、感受性が３グループに分かれるという先ほどの研究（論文５）では、約30％が高感度とのことで、人口の何％がＨＳＰなのか、その数値には幅があります。（この研究は心理学部の学生を対象にした調査であり、高感度の人の割合が高めに出た可能性があります）

第2章 繊細さんとトラウマの関係は？

トラウマとは何か？　動物が生き延びる仕組み

名越　第1章では、繊細さんは病気ではなく気質であること、そのため治すものではなく、それを受け入れて自分らしく生きることが大切だというお話が出ました。武田先生に相談にいらっしゃる方は繊細さんとして生きづらさを感じていて、それをなんとかしたいと相談に来られるのですか？

武田　はい、人間関係や仕事に悩んで、もう少し生きやすくなればとご相談にいらっしゃいます。ですが、カウンセリングをしていると、最終的にトラウマに行き着いてしまうことがあるんです。

名越　繊細さんというのはいわば気質であり、治すものではないのかもしれませんが、一方でトラウマとの関わりがあるというのはよくわかります。繊細さんとトラウマにはどのような関係性があるのでしょうか？

武田　繊細な気質による悩みかと思っていたら、実は背景にトラウマがあった、というのがよくあるケースです。たとえば、繊細さんは感じる力が強いので、誰か怒っている人がいるとすぐに気づいて緊張したりします。職場でそうした状態が続くと、疲弊して「繊細さで困っていて」とご相談にいらっしゃるわけですが、「上司や同僚が不機嫌だったり、電話で怒っていたりするとすごく怖い」という話を聞くうちに、実はお父さんが怒鳴る人だったなどの話が出てくることがあるんです。過去の経験がトラウマになって、まわりの人のイライラや怒りに対するものすごい怖さがあるんですね。ですが、本人はトラウマには気づかず、繊細な気質だからつらいんだと思ってしまうんです。

名越　「繊細さん」という枠のなかでそれが説明できると本人は思ってはるんですね。

武田　はい。私がこれまで、繊細な気質とトラウマ症状のちがいを本でしっかり書いてこなかったのも悪かったと思っています。「気質だから仕方ない」と思ってしまうと、本当は解消していける悩みなのに、そのままになってしまうという問題が出てきます。

トラウマについて（武田）

トラウマは日本語で「心的外傷」と訳され、心身に危険を感じるような強い衝撃をもたらす体験によって起こります。事故や事件に巻き込まれるなどの体験もトラウマになり得ますが、それだけではありません。「子どもの頃、親や先生から強く怒られた」といったことも、それがその子にとってひどく恐ろしいことで、大きな衝撃を受けたのであれば、トラウマになることがあります。

トラウマは「心の傷」と言われることがありますが、身体の反応でもあり、神経系に変化が起こることがわかっています。**客観的に見て命の危険があったかどうかではなく、強すぎる刺激によって神経系が圧倒されて動けなくなった、つらい状況を孤独に過ごすしかなかった、そういう主観的な物事なのです。**

交通事故に遭った、プールでおぼれたなど、一回限りの出来事によるトラウマを単回性トラウマ、虐待的な家庭環境で育ったり、学校でいじめが続くなど、逃れられない環境のなかで繰り返しつらい出来事に遭うことによるトラウマを複雑性トラウマと言います。トラウマの要因は様々で、親からの共感が極端に少ない、過干渉であるなど、安心感の少ない環境で育った場合や、幼い頃の入院や手術、仮死状態で生まれてきたことなどが影響する場合もあります。同じ出来事に遭遇した人がみなトラウマを抱えるわけではなく、その後のケアによってトラウマにならないこともあります。

トラウマは日常生活に様々な影響を及ぼします。当時の出来事を思い出させる物事を避けるようになったり（回避）、身体の外側から自分を見ている感じがしたり（解離）、トラウマ体験が今まさに起こっている感覚になって恐怖を感じたり（フラッシュバック）します。

特に複雑性トラウマは、心に負った傷が癒えないまま次の傷を受けていくような、大小様々なトラウマが重なっている状態です。自尊心を持ちにくく、些細なことでも「自分がダメなんだ」と強く落ち込んだり、感覚が過敏になったり、月経前の気分変動が激しくなったりすることがあります。

生きづらさの背景には、こうしたトラウマがひそんでいる場合があるのです。

武田　先ほどの「まわりの人が不機嫌なのが怖い」という話のように、現在抱えている悩みに過去のトラウマが影響していることがよくあります。過去につらい目に遭うと、もう二度とあんな目に遭わないようにと、似た出来事に対して警戒します。職場にいる間中、警戒状態が続いて疲弊してしまう、ということがあるんです。

トラウマとHSP気質は別物なんですが、「過去の経験に似た危険がないか、まわりにセンサーを張り巡らせる」というトラウマの仕組み自体は、繊細さんの生存戦略にも通じるように思います。

繊細さんは、まわりの環境をよく見て慎重に行動します。これは動物の世界でも見られる生存戦略です。ショウジョウバエには2種類の生存戦略があり、ひとつは、いち早く動くことで餌を得るという戦略、もうひとつは、まわりにリスクがないかよく観察してから動くという戦略です。いち早く動く個体が8割、慎重に動く個体が2割いるそうです。繊細さんは後者ですね。餌を取るのは遅くなるけど、他の動物に捕食される可能性も減って、生き延びる可能性が上がるんです。

名越　4対1くらいの割合で均衡が取れているわけですね。繊細さんの割合（5人に1人）と同じですね。

武田　はい。慎重な個体は少数派であることに意味があって、もし慎重な個体が多数派になったらこの特性をもつメリットがなくなってしまう、というところまで研究でわかっています。

遺伝と環境の両方が、現在の感受性に影響する

武田　繊細さんってどこまでが遺伝なの？　と聞かれることがあるんですが、イギリスで生まれたHSC（子どものHSP）の双子約2800名を調査したところ、17歳の時点で、環境感受性に対する遺伝の影響が47％という研究があります（論文9）。これは一卵性双生児（ほぼ100％同じ遺伝子を持っている）と二卵性双生児（およそ50％同じ遺伝子を持っている）の双子を比較することで遺伝の影響を見るものです。ただ、性格に対する遺伝の影響は50％程度と言われていますから、特別高い割合というわけではないようです。

他にも遺伝に関して言うと、ＨＳＰと非ＨＳＰでは遺伝子型にちがいがあるという研究があります。ＨＳＰは、セロトニントランスポーター遺伝子（ストレスを軽減させる脳内物質であるセロトニンの伝達に関係する遺伝情報が書き込まれた遺伝子）の型が５－ＨＴＴＬＰＲという型で、ドーパミン制御遺伝子の変異にも関連があるのだそうです（論文３）。

ただ、遺伝子って、特定の遺伝子があればただちにそうなるというものではなく、複数の遺伝子が関わっていたり、環境の影響によって遺伝子のスイッチがオンになったりオフになったりするものです。

現在、ＨＳＰは環境感受性という言葉で研究が進んでいて、マイケル・プルース博士は、敏感な遺伝子をもたない人はどんな環境で育っても環境感受性が低く、敏感な遺伝子をもつ人は育った環境によって環境感受性が変化するというモデルを提唱しています。一般的な環境に育てば一般的な感受性になるし、質の悪い環境で育つとネガティブなものに対する感受性が高くなる。逆に、質の良い環境で育っても感受性が高くなるのではないか、と（論文２）。

私はこれは、安心してのびのびと育てば、持ち前の感受性がさらに豊かに発達するということだと理解しています。

ＨＳＰは生まれつきの気質ですが、赤ちゃんのときに「あなたはこの感受性ね」と数値が決まるわけではなく、遺伝的要因と環境の相互作用で、現在の感受性になる、というのがアーロン博士やプルース博士らＨＳＰに関する研究者の見方です（論文３）。

アーロン博士は、ＨＳＰの現在の不安やうつの度合いと幼少期の環境との関連を調べた研究で、問題のある幼少期を送ったＨＳＰはうつ・不安・内気になるリスクが高いけれど、問題のない幼少期を送ったＨＳＰにはそのリスクは見られないことを発表しています（論文10）。

もともとの遺伝的要因と環境が現在の感受性に作用するというのは、カウンセリングをしていても、本当にその通りだと感じます。ご相談にいらっしゃる繊細さんが対人関係に敏感で苦労している場合、安心できない子ども時代を過ごしていることが多い。気質だけではなく、育った環境が絡んでくるんですよね。

名越　僕も調べてほしい。絶対、その遺伝子型をもっていると確信してんねんけど（笑）。

武田　これは繊細さんだけに起こることではないんですが、トラウマがあると、生きることが全体的に警戒モードになります。今にも危ないことが起きる気がして、常に気を張っているような状態です。トラウマというと、当時のつらい体験が生々しくよみがえってくる「フラッシュバック」の印象があるかもしれませんが、実際には、トラウマが引き起こす困りごとは様々です。ちょっとした物音にすごく驚いたり、小さな出来事に敏感になったり、人といるときにくつろげなくて常に緊張してしまう、あるいは常に考えごとをしていて全く気が休まらない、といった状態が起こることがあります。こうした敏感な状態を過覚醒《かかくせい》と言います。

トラウマによって引き起こされる過覚醒と、気質による敏感さが一見似ているので、「繊細さに困っている」というご相談であっても、実はトラウマの影響で過敏になっている場合があるんです。

ですから、相談者さんが「私は正直、親のせいで繊細さんになったと思う」とおっしゃる場合は、その人の言う「繊細さん」が何を指すのか確認する必要があります。不安感や過覚醒を指しているのであれば、後天的なものの可能性が高いですし、DOESを指しているのであれば、もともと繊細な遺伝子をもつ人なのではないか、と思います。

また、トラウマの影響で、身体が動かなくなる、うまく考えられなくなるといった低覚醒の状態になることもあります。会議で意見を聞かれるだけで頭が真っ白になってフリーズしたり、お子さんだと、先生に怒られたときに、客観的に見てそんなに強く怒られたわけじゃないのに、ふーっと気が遠くなって気絶してしまうといったことも低覚醒の状態です。

仕事の悩みであれ人間関係の悩みであれ、背景にトラウマがひそんでいることがよくあるんです。

名越　武田先生もトラウマ治療を受けていたということですが。

武田　私の場合は解離が起きていました。解離というのは、意識と身体の感覚を切り離すことによって、自分を守る状態です。たとえば事故に遭ったとき、意識が身体から抜け出て、怪我をして横たわっている自分を遠くから見ていた、というような状態ですね。

私は物心ついたときにはもう解離していて、自分を外から眺めて生きてきました。子どもの頃からそうだから、他の存在のしかたがあるなんて知らなかったんです。意識が身体に戻ってこられるようになってはじめて「これまで解離していたんだ」とわかりました。

名越　僕も解離は臨床でも、自分自身の経験でも、何度も目の当たりにしていますが、本当に不思議な現象ですよね。

武田　解離していると、身体の感覚がうまくつかめないんですよね。私の場合は身体の疲れがわからないので、「ああ疲れた」とか「ちょっと休みたい」という感覚がなかったんです。「嫌だ」と感じることもなく、物理的に身体が限界をむかえるまで、長時間勉強や仕事ができてしまうんです。

名越　わかります。できてしまうわけですよね。

武田　第1章でも会社員時代の話をしましたが、夜中の12時まで働いて、次の日の朝7時に起きて会社に行くという無茶な生活を続けていても「つらい」というはっきりした感覚がありませんでした。

名越　まさに解離の効用ですね。

武田　そうなんです。メーカーの商品開発の仕事だったので、発売日が決まっていて、会社全体がその目標に向かって動いていました。ぼんやりとつらい気はするんですが、目の前にはやることがあるし、つらい感覚がかすみのようでうまくつかめないんです。当時在籍していたのは社内一忙しい部署で、みんな「好きで残業している」という感じでした。

名越　それは、言葉の通り仕事自体が好きということですか？

武田　そういう姿勢が評価されると言いますか。その部署の商品が会社を支えていたので、みんなプライドがあって「自分たちは精鋭だ。うちの部署がこけたら会社がこける」という意識でした。そのなかで働いていると忙しいのが当たり前で、仲間に迷惑をかけられないから、みんな自然と頑張り続けてしまうんです。

名越　よくある話としては、仕事が忙しくてブラックな会社だと、お互いに仕事を押し付け合ったり、足を引っ張り合ったり、社内がギスギスすることがありますが、そういうことはないわけですね？

武田　みんな人情味があって、大変だからこそ仲間だっていう感じがありましたね。リーダーもとても良い人で、話を聞いてくれる人でした。

名越　人間関係も良くて、理想形が続きすぎてしまう。

武田　みんなハイなまま、夜遅くまで働いている感じです。

名越　ちょっとしたお祭りですね、毎日が。

武田　プロジェクトの外から見るとおかしいとわかるらしく、「武田がそろそろやばいから、なんとかしてあげてください」と他の部署の人が上司に言ってくれていたそうです。そのことは休職したあとに知りました。「上の人たちは止められなかったね」と、他の部署の人から言われて。

名越　ということは武田先生が一人目ではないということですね？　そんな風に楽しく愉快に仕事をしていて、突然バタンと倒れる人が定期的に出る感じだった？

武田　はい。みんな少しずつ弱っていって、最初に隣の席の後輩が会社に来れなくなりました。その子も毎日遅くまで残業していたんですが、帳簿上は付けていなかった。

ある日、帳簿を見た上司がその子に「仕事が終わっていないのに、何で定時で帰ってるの?」と言ったり。本当は残業しているのに、上司も忙しすぎて、部下の状況を把握できなかったんです。

名越　その彼は自主的に残業時間を付けなかったんですか?

武田　残業の上限を超えてしまうから、付けたくても付けられなかったんです。ドアにICカードをかざすと退社時刻が記録に残るので、給湯室のドアにストッパーを掛けて開けっ放しにして、ICカードを通さずに帰るような状態でした。

名越　その状態がずっと続いていたという感じですか?

武田　はい。でも、さすがに残業が多すぎるということで、とうとう部長が全員を集めて「残業禁止、〇〇チームは今日から定時で帰れ」と言い渡し、一切禁止になりました。

でも、その日の定時後に次長との打ち合わせがあって、次長は予定通りやるぞ、と。上の人たちも現場も、大混乱のなかで働いていました。そんななか、私も突然会社に行けなくなったんです。朝、会社に行こうとしたら、涙が止まらなくて。

名越　それは急にそうなったんですか？　その前日まで、だいぶきついなとか、嫌だなとか思わなかったという。

武田　一度、寝坊したことがありました。朝起きられなくて。

名越　なるほど、それは起きられなくなっているのではなくて、「寝坊」という意味づけにするんですね。

武田　夜眠れているから大丈夫だと思っていたんですけど、眠っているというよりは電池が切れていた、気を失っていたみたいな感じです。だから、自分では危ないと気づけなかったんです。

名越　今から考えると、気を失っていたという寝かたは、どんな寝かただったんでしょう？

武田　真っ暗な眠りでした。夢は見ず、暗くて、一瞬で朝が来るみたいな。

名越　1～2時間しか寝ていない感覚なのに、7時間経って朝が来ていたり。

武田　パッと起きると朝になっている。本当に一瞬で朝が来る感じでしたね。今思えば、もっと早く自分がしんどいことに気づければよかったんでしょうけれど……。

名越　解離していたから。

武田　はい。私は物心ついた頃から解離していたので、もともと身体の感覚がつかめなかったんです。世界は平面で、匂いや手ざわりのない、二次元の世界のようでした。たとえば、旅行でちがう町に行くと、その町の感じがありますよね。下町っぽくて活気があるとか、人がせかせかしているとか。当時はその「感じ」がまるでつかめませんでした。ただ思考は働くので、仕事はできるという状態でした。

名越　その忙しい状況にうまく適応するように、解離の状態を最大限に使って、持続的に仕事ができるような身体にしていた、という風に言っていいんでしょうか。

武田　そう思います。だから、小さい頃から勉強もそんなに苦ではなかったんです。「やるべきことなんでしょ」という感じで。

名越　それは自慢でもなんでもなくて、本人の感覚では本当にそうなんですよね。

武田　はい。今はもう解離がほとんど解けているのですが、「身体って疲れるんだ」と身体感覚に気づいたのが、本当にここ5年くらいの出来事です。

名越　よかったですね。他にはどんな感覚がありましたか？

武田　解離をしているときは喜びが薄かったですね。テレビ番組を観て面白いと思うことはありましたが、ごはんが美味しいなぁとか、味わいみたいなものはない。会社員時代は夕飯がカロリーメイトでした。会社の机にカロリーメイトの箱を5～6個入れていて、「今日はチョコ味にしよう」と思うくらいで、食の喜びもなかったですし、お花がきれいだなと感じることもありませんでした。幼い頃からそうだったので、そういうものだと思っていました。

精神科医の先生からカウンセリングを受けて解離が解けはじめたとき、世界が生々しく見えたんです。クリニックへ行く途中に公園があって、子どもとお母さんが遊んでいたんですが、それまで映画のスクリーンのような平たんな風景だったものが、リアルな、生々しいものとして迫ってきたんです。

トラウマの解消につながるソマティック・エクスペリエンシング®

名越　僕は解離とはこういうものだと思います。大げさに言えば、人間が出現してまだたかだか２００万年くらいですが、その間にも氷河期や火山の爆発など天変地異が何百回と襲ってきたわけですよね。そんな自然の脅威を乗り越えていくときに、精神と身体はある時期切り離さなければ、到底サバイバルできなかったんだと思います。明らかに解離という状態が必要だからこそ、人間が身につけたもの、あるいは残してきた能力だという考え方もできる。

　多分解離は解けたり、また入ったりできたのかなとも思うんです。冬の間は解離して寒さに耐えて、春になって花が咲いてきたりすると、解離が解けて春の匂いに気がついたり、ある程度フレキシブルになっていたのかもしれない。そういう意味では、ここまでが正常で、ここからが異常というのは定義しがたい側面がある。

武田　名越先生がおっしゃったように、解離は昔から人間に備わっている能力なんだと思います。というのも、動物の生存戦略である「固まる」の一形態として解離が起こるという考え方もあるからです。

動物が危機におちいったとき、たとえば、鹿がライオンに襲われたとき、逃げる・戦う・固まるという3つの防衛パターンがあります。逃げられるなら逃げるし、戦えるなら戦う。でも、逃げられなくて戦えないとき、固まるという防衛戦略を取るんですね。固まるというのは、動物で言うところの「死んだふり」です。死んでいる動物は腐っていたりして危険なので捕食動物も食べない習性がありますし、死んだふりによって呼吸が少なくなり、血流を減らすことで傷口からの出血を抑えることもできます。死んだふりをすることで、生き延びようとするんですね。もしも運良く生き残り、ライオンが去っていくと、鹿は身体をブルブルッと震わせることで身体のこわばりを解き、再び元気にぴょんぴょんと跳ねていきます。

人間も動物ですので、危機におちいったときには固まる防衛を用います。しかし人間の場合は、危機が去ってもブルブルッと震えることができず、固まったままその後を暮らすことになります。

固まる防衛は生き延びるために発動するのですが、固まることによって逃げたい・戦いたいという衝動が未完了のまま、身体のなかで凍りついてしまうことがあります。そうすると、当時と似た状況だと身体が判断するたびに、身体が自動的に戦う・逃げる、あるいは固まるモードに入ってしまうんです。それらを踏まえて、未完了になっている動作を見つけて完了させることがトラウマ症状の解消につながる、という理論があります。

名越　面白い理論を考えた人がいますね。

武田　ソマティック・エクスペリエンシング®（ＳＥ™）という流派です。他にもセンサリーモーター・サイコセラピーやＴＲＥ（トラウマ解放エクササイズ）などの流派がこの理論をベースにしています。

私もＳＥ™の施術を受けたことがあります。カウンセリングの場で、トラウマ的な出来事について話していると、無意識に身体が動くんですね。私の場合は、座って話しているときに足先がパタッと動いたり、上半身が左に傾いたり、といった動作がありました。自分では気づかないようなちょっとした動きをカウンセラーの先生が見つけてくれて、「今、足がパタッと動いたよね。この足はどんなことをしたんだろうね?」と注目していくんです。
SE™では、未完了の動作を見つけるために、話の内容ではなく、今身体に起こっていることに着目します。そして、身体に動きが出てきたら、その自然な動きについていくように、ゆっくりと身体を動かしていきます。

名越 要するにブレーキがかかっているので、ギアを入れる手伝いをするんですね。

武田 まさにそうです。私は疲れると足首に痛みが出ることがあったんですが、SE™で足の指をぎゅーっと丸めたり、バランスボールを踏んだりしたところ、痛みが出なくなりました。
ストレッチみたいに普通の状態でバランスボールを踏んでも何も起こりません。でも、カウンセリングの場で神経系がほどよく活性化した状態で、身体がしたがる自然な動きをとらえて、「こう動きたいんだね」と身体の衝動に沿った動きをすると、ものすごくすっきりするんです。未完了になっていた動作が完了すると、不思議なくらい「やったぞ」という達成感が生まれました。

名越 僕はもう5年くらいバンドをやっているんですが、音楽でもすっきりと心身が解放される感覚があります。ポール・マッカートニーやスティーヴィー・ワンダー、日本人では玉置浩二さんや小田和正さんなど、身体から自然に声があふれてくる人の歌を聴くと、みんなやっぱり感応するというか同調するというか、その結果、心身が解放されると思うんですよね。

武田　おそらく、韻律の豊かな声が人間にとって安全の合図だということも関係していると思います。豊かな韻律の音楽を聴くという心理療法もあるくらいです。実は、トラウマを抱えている人には、聴覚過敏の人が多いと言われています。特に低周波の音に敏感になります。

それは、まだ人間が狩りをして暮らしていた時代の名残だという説があります。逃げる・戦うモードにおいて、人間の身体は、森で大型動物の低い唸り声に耳を澄ませるような状態になります。中耳の筋肉が変化して、低周波の音が良く聞こえるようになり、その代わり人間の声が聞こえにくくなります。

私は換気扇の音や冷蔵庫のモーター音など、ブーンという低い音に敏感だったんですが、耳の話を知って「そうか、低周波だからこんなに気になるのか」と合点がいきました。

名越　冷蔵庫の音で眠れない人とかいますよね。全部つながりますね。

武田　『「繊細さん」の本』のなかで「耳栓をする」という単純なアクションを紹介したんですが、「耳栓をしただけでよく眠れました」と何人もの人から言われました。身体が逃げる・戦うモードに入っていると、眠っていてもどこか緊張しているんですよね。周囲の物音に耳を澄ましているときに、物音を防ぐことで少し安心できるのだと思いました。

音に関して言えば「職場で同僚と話していても、まわりの音が気になって相手の声がよく聞こえない」とご相談いただくことがあります。相談者さんが気を張っている、つまり職場で逃げる・戦うモードに入っている場合は、安心感を増やす方向で考えていきます。

イメージ力が強い相談者さんなら、今自分はリラックスできる場所にいる、と想像してもらいます。「どこか『ここにいるとリラックスする』という場所はありますか？　海でも、キャンプに行ったときのことでも、お布団のなかでも、どこでもかまいません」とたずねると、みなさんそれぞれに、リラックスできる場所があるんですね。以前、公園が好きだという相談者さんがいらっしゃって、イメージのなかで、自分のまわりに公園の木をぼんぼん立ててもらったところ、相手の声が聞き取りやすくなった、ということがありました。

音の聞こえ方は、カウンセリングの最中にも変化します。音に敏感な相談者さんも、気持ちが落ち着いてくると、それまで気になっていたまわりの音が遠のいて、聞こえているんだけど気にならない状態になるんです。逆に、「鳥の鳴き声が聞こえるようになった」など、それまで聞こえなかった〝心地よい音〟が聞こえてくることもあります。

私たちは、人混みのなかでも友達と話ができますよね。身体には「自分が聞きたい音を聞き、聞きたくない音を弾く」という機能が備わっています。安心することで、その機能がうまく働くようになるんです。

もちろん、全部が全部、心由来ではないと思います。もともと聴覚が優れていて、小さな音を拾いやすい人もいます。ですから、耳栓をしたりノイズキャンセリングイヤホンをしたりと、物理的に音を防ぐことは大事です。音への敏感さに緊張が影響している場合は、安心感を増やすことでラクになる場合がある、ということです。

やってみよう

耳栓をして寝てみる。

↓

安心して眠れる!

「繊細さん」に見えない繊細さん

武田　ここまでお話ししてきて、トラウマが衝撃を受けた体験によって生じるものだとすると、刺激に圧倒されやすい繊細さんは、つらい状況においてトラウマを受けやすいのかなと思うんですが、名越先生はどう思われますか？

神経系の発達や育ってきた環境、それまでの経験によって、一人ひとりのレジリエンス（回復力）は変わってきますから、繊細さん全員がトラウマを受けやすいわけではないと思います。ですが、その人の神経系が圧倒されたときにトラウマが起こること、そして繊細さんの〝刺激を受けやすい〟という性質を考えると、全体的な傾向として、繊細さんはつらい目に遭ったときにトラウマを受けやすいのかなと思うんです。

名越　それはそうだと思います。

武田　やはりそうなんですね。私は繊細さんと非・繊細さんを、よく桃とバナナで表現しています。桃は実が柔らかくて皮が薄い、繊細な人。バナナは実が硬めで皮が厚く、繊細ではない人というイメージです。桃には桃の良さがあるけれど、外の刺激から身を守る皮が薄いので、同じ物事に遭遇しても結果として衝撃を受けやすいというイメージです。

名越　思春期に入っていく時期の子どもを見ていると、とても小さいことでもすぐ反応が見られるけど、実は性根は図太いという人もいれば、反対に傍から見ると物事に動じないけど、心のなかではすごく敏感に反応している人もいますね。

果物でたとえれば、もうひとつ、夏みかんのように皮は分厚いけど、実は柔らかいタイプの人もいるような気がします。まわりもすぐに気づかないので対処されにくい。自分では気づかない無意識的なレベルのことで突然パニックになったりするタイプは、この夏みかんかもしれませんね。

武田　夏みかんは、バナナとはまたちがうタイプですね。皮は厚いけど、中身は感受性豊かで、繊細。私のところに来る相談者さんは、皮はそこまで厚くないかもしれません。

名越　武田先生のところに来られる方は、ある程度繊細さを意識化している人なので、夏みかんが桃化しているのですよ。
世間を見ていると、夏みかんタイプの人はけっこう苦労しています。「自分は平均的な人生を生きているから放っておいてくれ」くらいの意識で生活していますが、実はとても繊細なものを隠しているからです。つまり、自分で自覚していないけれど、生きづらさを感じている人は多い。「私は本当は傷つきやすいんです」と言えれば、言語化されて自覚するじゃないですか。しかし、理由がわからず自覚しにくい。

武田　夏みかんタイプの分厚い皮は、よろいの意味もあるんでしょうか。自分を守るために、社会に対してよろいを着て生きているというような。
私は、本当は生まれてからずっと桃だったんでしょうけど、傍から見れば、会社に行けなくなるまでは頑丈な夏みかんに見えたでしょうね。つまずいてはじめて、自分は皮が薄い桃なんだと気づきました。

名越　とある50代の女性で夏みかんタイプの人がいました。ある意味イケイケでリーダーシップをとって何事も一生懸命。そういう人はよくいますよね。でも、実は大きなトラウマを抱えていて、内心では自分のことをわかってくれる人なんてめったにいないと思っていたそうです。

しかし、それを言うと気分が重くなるから言わなかったそうです。ゴルフが好きで、とても活発な人なんですが、その落差が、まさに夏みかん。**実は桃なのに夏みかんしか演じることができない。**そういう人がけっこう世の中にはいます。彼女は一見、武田先生とは全然タイプがちがいますし、繊細さんやトラウマという言葉は知らないと思いますが、感覚的に自分は桃だということをわかっている。でも人前では、夏みかんの人格しか出せない。

普段のんびりしていたり、アクティブに生活しているような人でも、実はその奥に繊細な何かを隠している、そういうタイプの人もいると予測しておくことは、臨床家や教育者には必要だと思います。内側と外側の落差が大きい人は思っているより多いと感じます。

僕は昔、精神病院に勤務していたこともあり、そういう意味では繊細な人ばかり診てきましたが、もしかしたら桃や夏みかん以外にも、内側と外側の落差によって、様々なタイプの方がいるだろうと思います。

桃タイプ

実が柔らかくて皮が薄い
外と内の差が少ない
繊細さん

夏みかんタイプ

皮は厚いけど、内側は
とてもジューシー！
外と内の差が大きい
繊細さん

バナナタイプ

実が硬めで皮も厚い
非・繊細さん

他にもいろいろな
タイプがいるかも？

『鬼滅の刃』から考えるトラウマ・解離

名越　僕が書いた『「鬼滅の刃」が教えてくれた　傷ついたまま生きるためのヒント』（宝島社）という本でも、主題としてトラウマとともに生きていくということを書いています。トラウマと繊細さんの関連性はとても興味深いです。

武田　今回、繊細さんとトラウマについて話したいと思ったきっかけのひとつが、先生のその本なんです。人生を振り返ってみると、「トラウマとともに生きてきた」という感覚があります。私は今までトラウマは治すものだと思って、いろいろな療法を受けてきました。でも、名越先生の本には、「トラウマを踏み越えて生きていけ」と書かれていた。そこでどっと涙が出たんです。

名越　簡単に説明しますと、『鬼滅の刃』に出てくる竈門炭治郎《かまどたんじろう》たち鬼殺隊、そして敵である鬼たちはそれぞれつらい過去をもち、根源的なさみしさを抱えています。自分にとって大切なものを失ったり、傷つけたりしてしまったときに感じる不安やネガティブな感情を抑圧するために行う自己防衛を心理学的に「防衛《ぼうえい》機《き》制《せい》」と言いますが、鬼たちの場合は、他人を暴力や恐怖によって支配することで埋めようとします。これをあえて、精神医学で解釈するなら「躁的《そうてき》防衛」という言葉があてはまるように思います。

　鬼殺隊の場合は、自分の心と切り離された感情表現や行動を取るため、「解離」としてとらえています。僕は、その本のなかで**過去のトラウマや心の傷というのは、本当に乗り越えなければいけないものなのか、今一度問いかえしてみるべき**と思い、そのように書きました。現実的には、私たちが心に負っている傷は必ずしも癒やされることはなく、何らかの防衛機制を使って、その傷を踏み越えて生きているのが現実ではないかと思います。

武田　先生の本を読んだ時期に、プライベートで「ここぞというときには、どんなに怖くても踏み越えなければいけないんだ」と感じた体験がありました。私自身のトラウマに向き合うなかで、最後はそれでもなんとかしなければならないときがあると気づいたんです。悠長に治している場合ではなく、「うおおおお」と乗り越えねばならない場面が、本当にあるんだなと。

名越　火事場のクソ力みたいなときもありますもんね。『鬼滅の刃』の時代設定は大正時代の日本ですから、フロイトもアドラーもいないし、トラウマなんて言葉も出てこない。だから、登場人物たちは、みんな**トラウマを解消するのではなく、抱えながら踏み越える**んですよね。

これは現代にも通じるかもしれません。先生と出会われたクライアントは幸せですが、今の日本で心療内科や精神科に行く必要があっても、実際に自分の意思で行く人は少ないです。行ったとしてもカウンセラーと相性が合うかどうかという問題もあります。トラウマというのは薬物療法で治るものではないと僕は思っているので、心療内科や精神科に行けても、ある程度トラウマ療法に対してのキャリアがある良いカウンセラーに出会える可能性は、僕の感覚では1％くらいの確率だと思っています。

もちろん、キャリアのある先生方に比べたら僕はトラウマに詳しくはありません。でも、一応思春期を専門分野にしてやってきた者としては、これはトラウマだなと言える経験をもっている人がクラスに一人なんて、そんな少ない数ではない気がしています。トラウマをもつ人は多く、良いカウンセラーに出会える機会に恵まれる人は圧倒的に少ない。誰にも相談できずにトラウマを抱えながら、あるいはうまく乗りこなしながら生きている人のほうが圧倒的に多いと思います。それが、あの本を書くひとつの動機になっています。

一方で、もちろんトラウマの治療は研究が進んでいます。大阪大学工学部の森勇介先生が作られた創晶《そうしょう》という学内ベンチャー企業があるのですが、僕はそこの理事をしています。工学部のベンチャーなので顕微鏡のレンズでも作るのかなと思うじゃないですか？　でも、ちがうんです。トラウマ治療の部署があり、そこには根岸和政先生という何百人と診ている専門家がいらっしゃいます。

なぜベンチャー企業でトラウマ治療をしているかというと、最先端の科学の研究をしたり教育を受けたりしている人のなかにトラウマを抱えている人がとても多いからなんです。

僕の多少の先入観も込みで、もしその背景を説明するならば、そういう人は親も高学歴で教育熱心。その親の価値観に従っていればいるほど、有形無形に価値が高いと見なされる家庭に育った子が多い。家族の閉ざされた価値観のなかで、子どもによっては意識的にも無意識的にもとても無理を強いられるということが起きる。すごくストレスフルな思春期を送って、その結果一流大学に入ったり、就業的なチャンスに恵まれたりしたけれど、一方ではひどくさみしい思いをしていたりして、抑圧も強い。そういう人が社会人になり気持ちが折れてしまったり、あるいは自分に従わない部下を見ると猛烈にストレスを抱えたり、ある種のパワハラという関係性におちいったりするというようなこともあり得るんです。実際、その会社では延べ何百人も受診されています。引っ張りだこなわけですが、それほどトラウマ治療が注目されていますね。

武田　トラウマによって怒りがコントロールできなくなることもありますよね。頭ではわかっていても部下に暴言を吐いてしまったり、子育て中の親がお子さんに対して尋常ではなくキレてしまったり。感情をコントロールできなくなることがトラウマ症状だと気づかないまま、「自分の性格の問題だ」と人知れず悩んでいる方もいらっしゃいます。

トラウマ療法には様々な手法がありますが、この10年くらいで海外の方法論が日本に入ってきて、翻訳書もこの2〜3年で次々に出ています。私も様々な流派のトレーニングや研修に参加していますが、オンライン開催が増えたこともあって参加者も多く、一度に150人ほどの心理職が参加しているものもあります。今後さらに注目されていくのでしょうね。悩みの背景にトラウマがあることがわかってきていますから、これからはトラウマを扱えないとカウンセラーとして話にならない時代だと思います。

休職時代の診療

名越　武田先生が会社員時代に休職したときは、どのような診療を受けましたか？

武田　私が休職したのは2011年で、そのときはネットで調べて近所の心療内科に行きました。適応障害と診断されましたが、当時は自分に何が起こったのかがよく理解できず、どうすれば解決するかもわかりませんでした。

名越　適応障害という言葉は、当初はいろいろな物議を醸した言葉ですよね。当時皇太子妃であった雅子様の一件があって、今ではだいぶ理解が進んできましたが。

武田　適応障害はＤＳＭ－５（精神疾患の国際的な診断基準）の定義によれば「はっきりと確認できるストレス因に反応して、そのストレス因のはじまりから3ヶ月以内に情動面または行動面の症状が出現」するものであって、他の精神疾患の基準を満たしていないかつ、すでに存在している精神疾患の悪化でもないものを指します。

　今はこうやって調べられますが、会社に行けなくなった当時、私は精神世界のことを何も知らなかったから、「適応できない障害」なんだな、とその名の通りに受け取りました。適応できない私に問題があると思ったんです。でも、今振り返ってみると、職場に適応した状態が長く続いていたんですよね。文句も言わず、疑問も抱かずに、ひたすらやるべき仕事をこなしていました。「適応できなかった」というよりも、むしろ職場に適応しすぎていて、適応した先がおかしかった、ということだと思います。

名越　そもそもゴールがおかしかったと。

武田　夜中まで働く職場だったので、適応し続けた結果、心身ともに限界がきたんです。

名越　そうしたら、頑張れなくなって、解決法もわからなくなった。

武田　何が起こったのかを落ち着いて振り返る余裕が、当時の自分にあったらよかったなと思います。心療内科に通いましたが、なぜ休職するまで頑張り続けたのか、という心理面を診療のなかで聞かれることはなかったんです。

名越　人の精神なんて誰も見たことがないわけだから、結局、精神科医は科学的な枠組みのなかでは根拠のない存在とも言えます。そこで、たとえばフロイト的にこう解釈できるとか、アドラー的にこう解釈できるというわけです。でも、そういった解釈で、その人が休職した理由を共有していく精神科医は、日本では少数だと思います。

武田　そうなんですね。当時の私は、心療内科に行けば治るものだと思っていたんです。カウンセリングというものがあって、心の内を相談できるということさえよく知りませんでした。薬を処方されただけで、仕事を休んでも良くならない。むしろ悪化していく。「どうしてなんだろう?」という疑問がありました。

名越　それは、診断されてから何日目くらいからですか？

武田　2週間くらい休んだら復帰するつもりだったんですが、それを過ぎても会社に行けなかったんです。2週間後に会社で産業医面談があったんですが、会社の門をくぐると涙があふれて、産業医の先生ともまともに話せない。それから2年間くらい休職したんですけど……。物理的には休んでいても、心のなかでは働けない自分を責めているから、全く気持ちが休まらないんです。

名越　それは大変なことですね……。買い物に行ったり、日常生活は問題ないから2週間くらいで会社に行ってみようかと期待して行ったら、ある意味でパニックになって、自分でも何が起きたのか認識できないわけでしょう？　そのとき、カウンセラーのところに行ったりしましたか？

武田　それが病院側から勧められなかったんです。

名越　ええ!?

武田　2週間ごとに心療内科に行って、精神科医の先生に「会社に行けますか？」と聞かれて。「行けません」と答えたら、薬を処方されるだけでした。診察室での会話は、「眠れていますか？」「眠れています」「ごはん食べられますか？」「食べられません」「会社に行けますか？」「行けません」くらいで、聞かれたことに答えて終わり。心の内を聞かれることはなく、皮膚科の診察みたいでした。その他に病院でのコミュニケーションを知らなかったんです。

名越　私の見解としては、それは病院側がカウンセリングを受けるように言うべきです。カウンセラーの先生は常駐している病院だったんですか？

武田　カウンセラーの先生はいなくて、一人でやっているような小さいクリニックでした。

名越　知り合いのカウンセラーを紹介してもらうこともなかったんですね。それで休職して2年はしんどいですよね。身体は休めなくて、日々焦燥感や自分を苛む思考に襲われる2年間は、単純に考えて苦悩の日々だったでしょう。

武田　はい。休んでいるはずなのに、何も休めていない2年間でしたね。「働いていない」という状態そのものに傷ついて、その傷がどんどん深くなってしまって。

名越　そういうパーソナリティなわけですものね。それをちょっと修正していく働きがないままに「休め」と言われるから。

武田　そうなんです。休んでも不安が増すばかりで、薬もどんどん強いものになり、症状は悪化していきました。それで一年くらい経った頃、ようやく大きな病院を紹介されました。そこの先生がじーっと私を見て「あなたはうつでも何でもない。ただ不安なだけだ」と、不安用の薬を半錠とか少量で処方してくださって、ようやく落ち着いたんです。その先生も話を聞いてくださるというより、診察で「完璧にしすぎないようにね」と言われるくらいなので、「自分では完璧なつもりはないけどどな」と思って、そこで思考が終わってしまう。

名越　実際、完璧な人間なんていないですよね。それよりも、心の地図があるとしたら、今自分がどこにいるかわからないわけですからね。でも、道に迷っていても、「私は今どこにいるんでしょうか？」と言えなかったんですよね。

武田　はい。自分でもわからないとは思っていたんですけど。

名越　自分のことを理解できているのが当たり前だと思っていたんでしょうね。今まで能力を問われてきた人生だから。自分のことは自分でしっかりと表明できないといけない、という足かせがある気がします。「私は今どこにいるかわからないんですけど、援助してもらえますか？」という言葉が出てこない。

武田　はい。出てこなかったですね。「自分でもどうなっているのかわからない」ということ自体がわからないというか、ぽっかり空白になっていて、うまくつかめないんです。

名越　「自分は今こういう状況なので、こういう援助をしてもらえますか？」と現状を認識したうえでなら、具体的に誰かに相談ができるんですよね。有能な人は自己認識したうえで人に頼むべきだ、というのがルールだと思っているからです。それはとても大事なことですが、でも、「もうわけわからへんのです！」と言っても良いんですよね。

武田　本当に、その言葉が出てこなかったんです。私のなかで、誰かに頼るという発想がなくて。

名越　ましてや、それまでバリバリ仕事をやってこられたわけだから。**自分の常識や生き方の埒外にある言葉って、それこそ誰かの援助がないと、外から扉をノックしてもらわないと気づかない**。それは、実はとても大変な状態です。

武田　その状態を脱する手がかりがないまま、2年間を過ごしました。

名越　とりあえず、休職して薬を処方してもらったことで、最低ラインの安定は得られたんだけど、自分に何が起こっているのかわからないという７００日間を過ごした。

武田　７００日と聞くと、長いですね（笑）。最初の1年くらいはひきこもりの状態で、人に会うという発想も浮かばなかったです。あまりにも心が傷ついて、人が怖くなっていて。友達に会って話そうとか電話しようとか、その発想が抜け落ちていましたね。

名越　目に見えない牢獄に入ってしまう。心の病は全部そうですから。人から見てもわからない、自分でもわからない、見ることもタッチもできない、匂いを感じることもできない牢獄のなかに入っている状態です。

武田　静かに絵を描いたり空を眺めたり、家にこもって一人の時間を過ごすうちに、職場でピリピリしていた自分とは別人のような、静かな一面があることに気がつきました。アーロン博士の本を読んで、ＨＳＰという気質が存在すると知ったのもこの頃です。

『星の王子さま』に見る世界とのつながり方

名越　絵を描きはじめたのは、誰かに勧められたのですか？

武田　休職前にプライベートでコーチングを受けていて、そのコーチに自分の強みを見てもらっていたんです。「武田さんは絵が描けるんじゃないか」と言われたことを休職中に思い出して。きれいな空のポスターが欲しかったんですが、ネットで探しても「これだ」と思えるものがなかったので、それなら自分で描いてみようと思ったのがきっかけです。

名越　それはどんな絵ですか？

武田　小さな赤いドラゴンが、ひとりで海辺を歩いて旅をしていて、空には白い鳥が何羽も飛んでいるような絵です。友達に会うという発想もないんだけど、「働かなきゃ」という気持ちは常にあって、ゆくゆくは絵で食べていけたらいいなと、描いた絵をブログに載せたりしていました。

名越　それまではメーカーに勤めていて、普通なら、顧客のニーズをまとめるような仕事とか、今までの仕事の延長線上で転職を考えるじゃないですか。それよりも絵を描きはじめたというこのギャップが素敵ですよね。

武田　私の人生においては、技術者になったことのほうが脇道だったんですよね。

名越　ああ、そうか！

武田　小さい頃から本が好きで、絵本を描いていたので。だけど大学に行くとき、「就職するには理系が有利だから」と理系を選んで、技術者になりました。でも、本当は物理も数学も苦手だし、技術者は合わなかったから、絵や物語の分野で何かできないかなと思ったんです。

名越　社会人になって年を重ねると、やりたかったこととか趣味とか、なかなか見つからないものです。そういう意味では失礼ですけど、武田先生が絵を描きたかったという、やりたかったことがあってとてもよかったなと思います。小さなときから週に5つも習い事に通っているような忙しいお子さんもいますが、そうじゃなくて、幼少時代に自分の時間があったというのがよかったのかもしれませんね。

武田　そう思います。子どもの頃から、物語のなかに自分の世界を作って生きてきたんです。

名越　それは大事だと思います。「手を動かす」とか「創作する」とか、自分のなかから湧き出てくる空想の世界を何かで表現することで、世界とつながれるみたいなイメージですね。

武田　子どもは親などの養育者とつながることで心が育つと思うんですけど、私は親につながれなかったので、どこかにつながりたかったんでしょうね。名越先生のお話をうかがって、私にとってはそれが絵や物語の空想の世界だったんだなと思いました。

子どもながらに漠然とですが、物語や小説のなかに、人の気配を感じていました。物語には人の心が反映されていて、その気配に触れることが拠り所だったのかもしれません。

名越　僕、サン゠テグジュペリの『星の王子さま』を今まで読んだことがなくて、最近オーディオブックで聞いたんですよ。そうしたら、今さらですが大変感動しました。「なぜこれを20歳の頃に読んでおかなかったんだろう。そしたらもっとまともな人間になれていたのに」と思ったほどです（笑）。

ご存じのように、『星の王子さま』は、飛行士である「僕」がサハラ砂漠に不時着し、ある日小さな星からやってきた王子さまと出会います。王子さまは旅で様々な星を訪れたあと、地球に降り立つのですが、「僕」と出会うまでの旅の途中でキツネと出会います。王子さまがキツネに「友達になってよ」と言うと、キツネは「きみとは遊べない」「なついていないから」と言うんです。そして、「なつくというのは『絆を結ぶ』ということで、なつかせたものには永遠に責任を持つんだ」とキツネは教えてくれるのですが、それは誰かの世話をすると、その人と自分は命を分かち合ったことになり、その生命に責任が生じることになる、という意味だと僕は解釈しました。

親は普通、子どもを世話しますが、世話をすることで命を共有する段階に入り、子どもの生命に責任が生じます。そうした関係になってはじめて人間はつながりをもてるというわけです。

そのあとに、星の王子さまで最も有名な名言である「いちばん大事なものは、目には見えない」という言葉も、そうした人と人の間に生まれた絆のことを指すのではないかと思います。
カウンセリングで人の話を聞くということもある意味、その人と命を分かち合っているという風に考えられませんか？　僕がまだカウンセラーや精神科医になった20代や30代の頃は全然わからなかったけど、今になってそういうことなんだと気づきました。
休職中の武田先生は、星の王子さまのキツネ的に言うと、誰とも命を分かち合えない状況にあったのかなと思って聞いていました。

心の報酬を得て、会社員時代よりも元気に

名越　休職したあとは、すぐにカウンセラーを目指されたのですか？

武田　いえ、一度会社に戻りました。2年以上休むと退職になるという規定があったので、全然治っていなかったんですが、食べていくために復職しました。

名越　それはなかなかしんどいですよ。

武田　しんどかったですね（笑）。復職してからは、自分から毎日、しんどい場所に出かけなければいけない。身体中の皮膚がはがされた状態で、痛い場所に居続けるような、針のむしろに座る思いでした。

そのなかでも「自分を活かすにはどうしたらいいのか」という思いがずっとありました。復職後のある日、実験室でデータをまとめていたとき、どのデータを計算すればいいか、今後やるべき実験は何か、すいすい思考が進んでいく、とても不思議な感覚になったんです。それは仕事で繊細さが全開になったはじめての経験でした。

私はもともと「精鋭でいたい」という思いがあったんです。自分の能力を最大限に活かして、言い方が古いかもしれないですけど、バリバリ働きたかった。でも、その会社でバリバリ働こうと思ったら、納期に追われてストレスフルに働く道しか見えなかったんです。それはもうイヤでした。

「ストレスを減らす」と「バリバリ働く」を両立するには、強みで一点突破するしかない。当時認識していた自分の強みのひとつが、絵でした。それで「これ以上、この会社にいても自分を活かせない。フリーランスでやっていこう」

と思って、復職から1年経ったときに会社を辞めました。

そこからはブログを通して絵を売ったり、お客さんのホームページを作ったりと、得意を活かせる仕事を模索するなかで、相談業をはじめました。それまで5年くらいコーチングを受けていたので、なんとなくですけど、相談を受ける側の型が身についていたんです。なるほど、このタイミングでこう質問するのか、とかですね。私にも相談業ができるんじゃないかと思い、ブログに「ご相談お受けします」と書いて、独学で相談業をはじめました。

やってみたらものすごく面白くて、その面白い感覚を追いかけてどんどん相談を受けていきました。会社員時代は繊細な気質が裏目に出ていたんですが、相談業ではとにかく活きましたね。相談者さんは、本音を言っているときは表情が生き生きして肌艶が良くなりますし、一方、口では「こうしたい」と言っていても本音ではないときは、話す勢いが落ちたり、ふっと背中が丸まったりします。繊細な気質を活かして、相談者さんの本音がどこにあるのか見分けながら、相談に乗ることができるんです。「初対面なのに、何でそんなに私のことがわかるんですか？」とびっくりされましたね。

名越　そうとうなエネルギーが必要だったのではないですか？

武田　当時はまだ解離していたので、若干ハイな感じでした。起きている間中、集客のためにブログを書いたりして、会社員時代よりも働いていました。解離がなければそこまでできなかったでしょうから、解離に助けられましたね。それに、一人でやりたいようにやれたので、心は元気だったんです。

自分で食べていかなきゃいけないプレッシャーはあるけど、フリーランスの働き方は、私に合っていました。物でもサービスでも、買うのはどこかしら「いいね」と思ったからですよね。自分がやりたいサービスを作って、それをお客様に買ってもらうのは、「あなたのその考え、いいね。その感覚、いいね」って、目に見える形で感性を肯定される体験だったんです。

会社員時代、仕事を楽しいと思ったことがなかったんです。会社の上司に聞いても「仕事は8割つらいもんだ」とか「仕事は『楽しい』だけじゃやってけんのよ」という答えが返ってきて、世の中そういうものなのかなと思っていました。

でも、フリーランスとしてやりたい仕事をしてみると、「仕事はつらいもの」って嘘だったんだなと。仕事が楽しい世界があることをはじめて知りました。

名越　会社員時代になかった心の報酬があったということですね。

武田　はい。だから、やればやるほど元気が出ましたね。

名越　自分で良い循環を作り出せたので、エネルギーが湧いてきたということですね。「働き方改革」とよく言われますが、「何時になったら帰りましょう」ということではないですよね。もちろん「8時以降は、みんな帰りましょう」と言われて救われる人もいますが、人によってライフスタイルはちがうので、芯を食っているとは言えないと思います。

武田　労働時間が何時間かも大事ですけど、その時間に心を削られているのか、生き生きしているのかで、心の健康度は全然ちがってきますよね。

その当時、私にとってトラウマは問題ではなかったんです。自分がやりたい仕事に変わったので、問題がなくなったんです。

会社で働くことに希望がないから、もしもカウンセリングで「仕事をどうするかより、今はトラウマを治療しましょう」と言われたら絶望していたと思います。私の困りごとはそこではなく、「どんな仕事をするか」だったんです。トラウマ治療は何年もかかるので、会社に勤めたまま治療を続けていたら、今頃どうなっていたかわかりません。

トラウマに真正面から取り組むのではなく、自営業をしながら元気になることで、数年後にトラウマに取り組むだけの心の体力がつきました。

名越　武田先生の場合は、薬による治療じゃなく環境の変化が大事だったんですね。

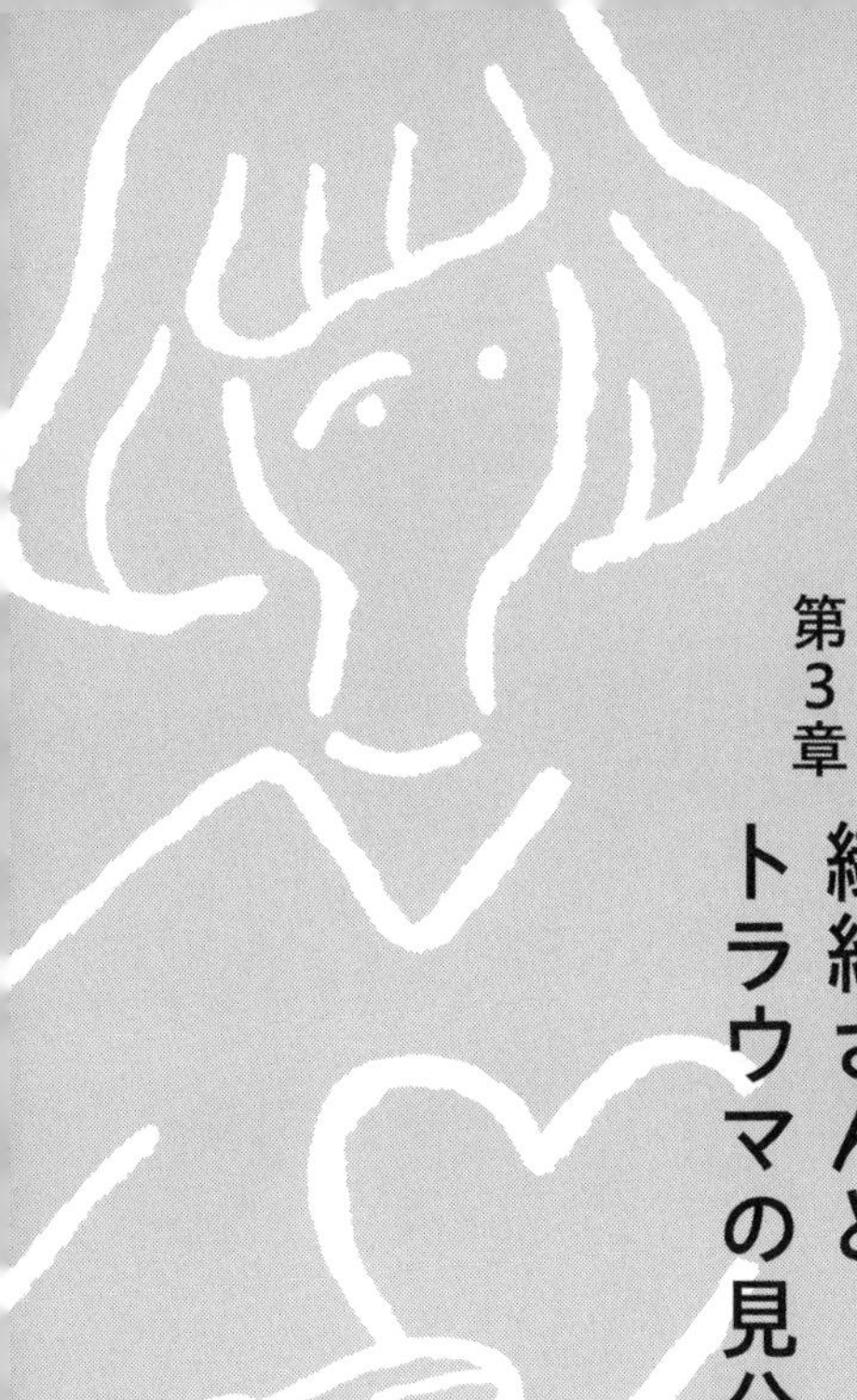

第3章

繊細さんとトラウマの見分け方

身体の緊張を解きほぐすバーチャルツアー

名越　第2章では、武田先生の体験とともに、トラウマと繊細さんの関係について お話ししましたが、本章では自分でできるトラウマの対処法、最新のカウンセリングの理論をお聞きしていきたいです。

対処法としてまず知りたいのは、そもそもの症状が繊細さんの気質によるものなのか、それともトラウマによるものなのか、そのちがいはけっこう問題ですよね。だって対処方法が微妙にずれてきますものね。

武田　第1章でご紹介した繊細さんの4つの性質、**DOESが出ているのは自然なことで、問題ではない**んですよね。たくさん感じて深く考えることが自然なのに、それをカウンセラー側が神経質や病気ととらえてしまったら、「背が高いのを治しましょう」みたいに変なことになってしまいます。

私がカウンセリングするときは、23ページでお話したように、悩みの背景にある不安の強さを見て、何らかの後天的な症状なのか、それとも自然な気質なのかを見ています。不安や緊張が極端に強くなければ、一般的に見て「考えすぎ」「敏感」と思われる状態であっても、繊細さんにとっては自然なことなので、特に焦点を当てることはないです。繊細さんには、自分の感覚を当たり前に「そうだよね」と受け止めてもらえることが必要なんです。

その他に、悩みがトラウマによるものなのかを見分けるポイントとして、私は、頭と身体のちぐはぐ感を見ます。「やりかたを知らなくてできない」「やったことがないからできない」といったことではなく、**「頭ではこうすればいいとわかっているのに、どうしてもできない」**というとき、どこかにトラウマが絡んでいる可能性を考えます。

たとえば、上司に話しかけるのにすごく勇気がいる、「今忙しそうだな」など相手のタイミングを見計らっていると半日経ってしまう、という相談者さんがいるとします。その方に、「相手の都合よりも自分の都合を大事にしてみよう」「相談しようと思って10分経ったら、エイヤと席を立って話しかけてみよう」といったことを伝えて、それができるのであれば、トラウマに触れなくていいと思います。

でも、そういう考え方や方法を知っても、どうしても上司に話しかけられない、今相談しないとあとで大変なことになるとわかっているし、どうしていつもこうなってしまうのか自分でもわからない、という場合は、身体に何が起こっているんだろう、身体の状態を感じてみよう、と進めていきます。

名越　なるほど。身体がブロックしているものを弁別して解かれてゆくと。

武田　はい。「頭ではわかっているのに、どうしてもできない」というのは、性格の問題や根性がないといった話ではなく、身体の反応の問題なんですね。「それをやるのは危険だ」と身体が判断してブレーキをかけているということなんです。

反応しているのは頭ではなく身体だ、というのがポイントです。これは蛇に遭遇するようなものです。道を歩いていて、横からいきなり蛇のような細長いものが飛び出てきたら、身体はビクッとすくみます。実際には蛇ではなくロープだったとしても、身体は危険を察知して反応するんですね。

「上司に相談できない」という話も、お父さんが怒鳴る人で子どもの頃から怖かった、などの経験があると、過去の経験から「年上の男の人は危険だ」と身体が判断していて、頭では「上司に話しかけなきゃ」と思っても身体が動かなかったり、ものすごい恐れを感じたりします。年上の男性が、蛇のように自分を脅《おびや》かす存在になっているんですね。

言葉でどんなに「蛇は怖くないよ」と言われても、いきなり蛇が出てきたら身体がすくむように、「早く相談しなよ。別に怒られないでしょ?」とまわりの人に言われても、身体がすくんで相談できないんです。

ですので、身体の反応そのものを変えていく必要があり、その方法が〝身体の状態を感じていく〟ということなんです。身体の反応を扱う方法も様々にありますが、比較的取り組みやすいのは、まず身体をリラックスさせて、十分にくつろいだ状態で、ほんの少しだけしんどい場面を思い浮かべてみる、という方法です。

具体的には、ゆっくり息を吐いたりくつろげる場所を想像して、少しずつ身体の状態を感じていきます。肩が下がったとか、身体がゆるんできたとか、手足があたたかくなってきた、とかですね。身体が十分にリラックスした状態で、上司のところへ行く場面を想像してもらいます。すると、肩がきゅっと上がってきたり呼吸が浅くなったりと、身体がこわばってきます。そこで私から声をかけて、再びリラックスした状態に戻ってもらいます。

身体の反応を変えるには、身体が緊張・警戒状態になっても、また落ち着いた状態に戻ってこれるんだ、という経験が大事なんです。リラックスした状態に戻ってきてから話を聞くと「あれ？　なんだか今の状態だったら、普通に上司に相談できそうです」となったりします。身体の状態が変わることで、驚くほどスムーズに気持ちや考えが変わる。相談者さんのなかには、ゼロか１００かの極端な思考になりやすい方もいますが、身体が落ち着けば、ゼロか１００ではない、中間の選択肢も見えてきます。

他には、十分に落ち着いた状態を保ちながら、身体の感覚と一緒にいることで、過去の記憶が思い出されて、バーチャルツアーがはじまることもあります。

名越　バーチャルツアーというのはどういう状態ですか？

武田　ＩＦＳ（内的家族システム療法）という心理療法で紹介されているもので、過去の記憶が臨場感と落ち着きの両方をもって再生される状態です。

トラウマのフラッシュバックでは、過去の記憶に呑み込まれてパニックになったりフリーズしたりしますが、バーチャルツアーはフラッシュバックとはちがい、落ち着いた状態で当時の記憶を眺めることができます。フラッシュバックが生々しくリアルな体験、まるで自分が映画の世界に放り込まれて嵐に遭うようなものだとすると、バーチャルツアーは観客席で映画を見るようなもので、臨場感がありつつも、ある程度落ち着いて俯瞰できる状態です。

バーチャルツアーがはじまると、相談者さんが出てきた記憶を話してくださるので、それを聞きながら私もイメージを浮かべて、一緒にその記憶に働きかけていきます。

たとえば「子どもの頃、母親に話しかけたら怒られて、立ちすくむしかなかった」という記憶が浮かんだとします。私から「今の大人の自分だったら、お母さんになんて言う？」と質問したりします。子どもの頃は「話しかけた自分が悪いんだ」という気持ちでいっぱいになって耐えるしかなかったけど、落ち着いて思い出せる今なら、ちがう解釈ができるんです。

子どもの自分と母親がいる場面に、大人の自分を登場させて、大人の自分から「そんなに怒らなくてもいいじゃない」と抗議することもあります。大人の自分でもお母さんに抗議できなかったら、イメージのなかに私を登場させてもらって、私からお母さんに注意することもあります。

名越　そんなことまでできるんですか？　まるで短編マンガのストーリーを作っているような感じですね。イメージというと、1枚の絵みたいなものを想像しがちですが、ストーリーがあるわけですね。

武田　はい、不思議に思われるかもしれませんが、ストーリーのなかで幼い頃の自分を癒やしていきます。人間の想像力って本当にすごいです。相談者さんと私で30分くらいずっと想像し続けるんですが、「こんなに集中してイメージできるものなのか」と驚くくらい、みなさんイメージできるんですよね。

　イメージの威力はすごくて、過去に起きた出来事は変わらなくても、イメージのなかでストーリーが変わると、現在の身体の反応が変わるんです。「怖かった」「悲しかった」「悔しかった」など、**当時の強い感情が癒やされることで、これまでだったらすぐに不安になったり、攻撃的になっていた出来事にも、落ち着いて対処できるようになる**んです。

相談者の記憶に働きかける
バーチャルツアー

バーチャルツアーのなかで、相談者さんに「カウンセラーがお母さんに注意した」とイメージしてもらい、「注意されて、お母さんはどんな顔をしている？」と聞くと、「お母さんはびっくりしています」と教えてくれたりします。

名越　お母さんも「誰、この人？」って驚いているんでしょうね。それは面白い。

武田　イメージのなかのお母さんの反応によって、ストーリーを工夫します。子どもの頃の相談者さんが「お母さんも苦労していて、かわいそうだ」など罪悪感をもっている場合は、イメージのなかでお母さんにカウンセリングを受けてもらうこともあります。

子どもがお母さんをケアするストーリーにしてしまうと、親子の役割が逆転したまま解消されないので、カウンセラーをイメージのなかに登場させます。1回のカウンセリングでお母さんが変わらなかったら、100回、200回と行ってもらいます。

名越　それはそういう設定として言葉で言うわけですか？

武田　はい。相談者さんと一緒にストーリーを作っていきます。たとえば、私が「お母さんのお世話はカウンセリングの先生に任せましょう。お母さん、カウンセリングに行ってどんな様子かな？」と聞くと、相談者さんが「お母さんはまだ悲しそうです」と様子を教えてくれます。

そうしたら、私から「よし、じゃあ100回行ってもらおう」「200回行ってもらおう」と言って、お母さんがカウンセリングに通う場面を一緒にイメージしていきます。

すると、イメージのなかのお母さんが少しずつ変わってきて、子どもの頃の相談者さんが「お母さんが元気になった」と嬉しそうに言ったりします。

名越　この療法はもちろん武田さんの率直かつ受容的なパーソナリティがあってのことかと想像するのですが、あえて構造的に見ると、自分のためにお母さんが通ってくれているから、１００回通うこと自体が自分に対する関心の高さだとどこかで受け止めて、バーチャルとはいえ気持ちが解けていくという風にも見えます。

武田　あ、なるほど、自分のために通ってくれている。その視点はなかったのですが、たしかにそうですね！

イメージのなかで子どもの頃の相談者さんが嬉しそうになったら、仕上げとして、「大人の自分」と「子どもの自分」の間に思いやりを交わしていきます。これは、トラウマ療法の専門家であるジェニーナ・フィッシャー博士が著書で紹介しておられる方法を取り入れています（『トラウマによる解離からの回復』〈国書刊行会〉）。「子どもの自分が喜ぶと、大人の自分はどんな気持ちになる？」と相談者さんに問いかけ、大人の自分と子どもの自分があたたかく交流することで、自分の気持ちを受け止めるのが上手になるんです。

相談者さんからは「長年あった焦燥感が減った」「『生きていていいんだ』っ

ていう感じがした」と言われたりします。こうした、イメージを用いたトラウマワークを、私はよくやっています。

名越　僕も20～30代の頃、師匠の故・野田俊作先生と心理劇を行っていました。心理劇は、相談者さんが自らの生活や抱えている問題を劇という枠のなかで即興で演技を行うことで見つめ直し、解決を目指すための集団心理療法のことです。

当時は、「このなかからあなたのお母さんに似ている人はいませんか」とか、「あなたの弟に似ている人はいませんか」と聞いて、役割とセリフを決めて行っていました。ストーリーを経験させることで、その人を根底から癒やすことができるというのは経験的に知っていましたが、カウンセラーと二人だけで演じるのも効果的でエモーショナルなものが起こるんですね。

武田　心理劇では目の前にお母さん役の人がいるわけで、イメージよりさらに臨場感が強いでしょうね。

私はこういう心の話に興味がありますし、様々な流派の技術を身につけたいという思いもあって、いろいろなトラウマ治療を受けてきました。なかでも精

過去に起きた出来事は変わらなくても
イメージのなかで
当時の感情を癒やすことで、
ずいぶん生きやすくなりますよ。

神分析的なトラウマ治療は、私にはすごくしんどかったです。たとえば、精神科医の先生が客観的に状況を見て「お母さんが悪かったんだよね」と言うわけです。でも、そのやり方だと、自分が良くなるためには母を悪者にしなければならない。それがもうしんどくて。その経験があるので、相談者さんのなかにどこかしら「お母さんやお父さんが好き」という気持ちがある場合には、その気持ちを絶対大事にしないといけないと思っていて、私がトラウマを扱うときは、お母さんにもイメージのなかで元気になってもらうなど、悪者にしないように意識しています。

東洋的な瞑想と西洋的な瞑想

武田　私は毎日瞑想していまして、そのときにバーチャルツアーがはじまることがあります。

名越　それは経験してみたいですね。バーっと記憶のなかに入る感じですか？

武田　ふっと過去の場面を、トラウマが起こった場面を思い出すという感じです。瞑想のなかで、身体は今どんな感じかなとサーチしていきます。肩が凝ってるなとか手はあたたかいなとか。そのとき感じた感覚がトラウマにまつわるものであれば、バーチャルツアーがはじまるんです。子どもの頃に私が入院したときの母の様子とか、最初は静止画なんですけど、そこに今の大人の私も一緒に入って動画にしていく感じです。

名越　それは、ある程度の基盤が先生のなかにできあがって、トラウマ治療が進んでからですよね？　いきなり恐怖の対象とか、悲しみの対象である人と一緒に動き出すってできない人もいるから。

武田　はい。一人でトラウマ的な記憶を扱えるようになるのは、専門家の手を借りて、ある程度、癒やしが進んでからです。そもそも解離している場合は身体の状態を感じにくいですし、身体の感覚を少しずつ感じられるようになって、リラックスできるようになってからですね。

名越　フラッシュバックしたりして、怖いかもしれませんね。自分の身体を感じるというのは、武田先生にとってどんな感覚なんですか？

武田　今は平気なんですけど、解離していた頃は、身体を感じると悲しみがあふれてくるというか、痛い感じでした。身体には悲しみが詰まっていて、身体を感じそうになると静電気でバチバチッと弾かれると言いますか、下手に身体に近づけない。今思えば、その悲しみや痛みは幼い頃の感覚なんですが、大人になってても身体に残っていて、リアルに感じられるんです。

ですから、身体の感覚を感じないように必死にぐーっと抑えていたんですけど、疲れたりストレスがかかると、抑えがゆるんで、悲しみや痛みがふっと出てきてしまう。仕事の同僚もいい人たちでしたし、友人もいるんだけれど、心はずっと吹雪《ブリザード》のなかというか、誰もいない広大な雪原を一人で生きていたような感覚でしたね。

名越　まるで『鬼滅の刃』の炭次郎の夢の世界みたいやな。

武田　名越先生は解離のご経験はおありですか？

名越　今も音楽をやっているときに「あー、解離しそう。こっちに戻さないと」っていうときはあります。

武田　それは、いわゆるシャーマン的な、何か大いなるものにつながっているという解離でしょうか？

名越　シャーマニズム的なところに解離していくというのは言い得て妙ですね。あくまで主観ですが、あたたかくて全体性みたいなものとの一体感が生じます。でも、曲作りのときは安心感のほうへは行きません、それをやると僕の場合、安心から眠ってしまう（笑）。だから、あくまでも創作するイメージの世界に向かう。これはけっこう高揚感があって、たまには自分以上の表現の幅というか、いわゆる即興能力が出ている気がします。実際に発声しても、自分のレベルの割には声の高さや質感に幅があるのにコントロールできていたりする。いわゆるフローの状態に近いのではないでしょうか。

だからそのような状況では、外界に対するセンサーはおそらく減弱していて、良い言い方をすれば雑念がない状態とも言えますね。でも一歩間違えば、上滑りな感情や思考があふれているだけかもしれないわけです。この状況は、深度としてはずっと浅いですが講義などをしているときにも起きます。まわりの人は誰も僕が解離しつつあることに気づいてないけど、自分だけが「あれ、いかんいかん。ちょっと戻れ。お水を飲もう」と気づいている。でも、その波にうまく乗れれば、思わぬ発見や新しい解釈が浮かんで、自分自身としてもクリエイティブな瞬間を味わえる。他にも、これは早朝・明け方に多いのですが、バッドトリップをして怒りや恐怖に襲われて解離に近い状態になることがあります。「うわ、これどうなってんねん」って思って御真言《ごしんごん》やお経をお唱えしたりして気持ちを整えることが今でもあります。

武田　あれ、もしかして、日常的にみんな解離しているんでしょうか？　先生は感覚が鋭いから自覚されるのでしょうけど。

名越　僕は、日常的にポンポンと解離していると思って生きています。みんな、とは言いませんが、でも各々何かしらどこかで起こっていると思うんですよね、個人的には。

武田　確かにそうかもしれないですね。解離はトラウマに限った現象ではないのかも。

名越　たとえば、ゾーンとかフロー理論（極度に集中した状態で、楽しさを感じ、流れるように行動していることを感じる体験。心理学者のミハイ・チクセントミハイが提唱した）があるじゃないですか。僕はその理論を知ったときに、じゃあフローのままで生きていたらずっとパフォーマンスいいやんって思ったけど（笑）、その**フローって、ちがう切り口をすると解離の側面もある**んじゃないでしょうか。つまり通常の意識の状態より、集中の対象により多くの精神的エネルギーを注ぎ込むために、他の意識を遮断する、という意味で。

武田　あ、なるほど。そんなに持続しないですよね。身体に負担がかかるので。

名越　あまりフロー状態でいすぎると疲れるから、30％フローみたいな状態でずっといると調子良いんじゃないかな、と思いますね（笑）。

だから、解離はとても深い。いや、それは解離じゃないって言われそうですけど、僕の感覚のなかでは、解離がちゃんと安定したところで受け皿になっていて、つまり形式をもつ場合があるように思います。それはある種、祈りの状態であったり、瞑想の状態であったり、あるいは能力を限定したりして。あるところに集中のエネルギーを誘導できる状態であったりするんじゃないかな。バッターボックスに立った一流のバッターは、集中の状態に入ると全ての音が消えるというじゃないですか。それって集中しているとも言えるけど、それも解離の理論で説明できないんかなと勝手に思っているんです。

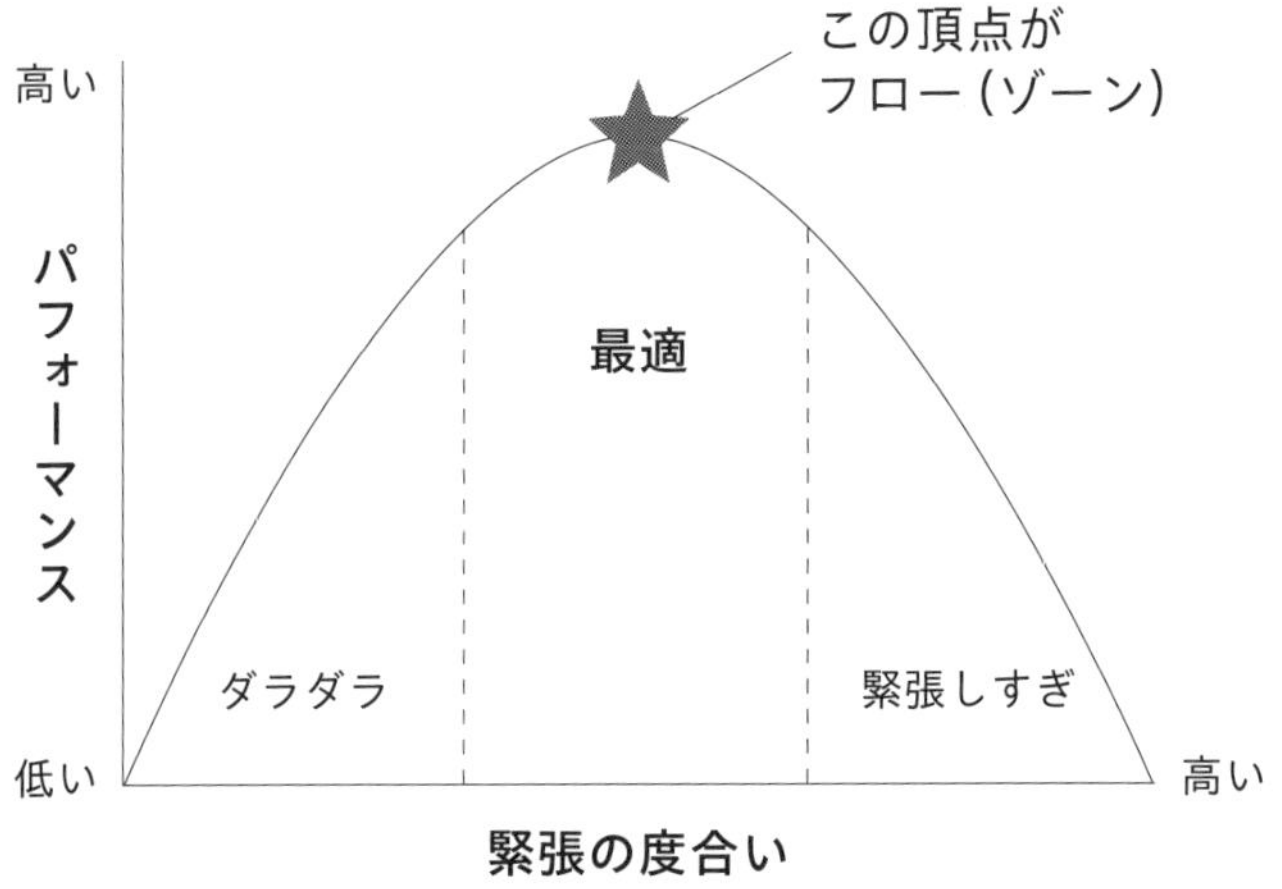

武田　その状態から戻ってこれなくなったり、身体の感覚との接続が失われて、疲れ果てていることに気づけなかったりするのは困りますけど、もしかしたら解離というのは生活のなかで普通にやっていることかもしれませんね。

名越　それがプラスに働くか、マイナスに働いてしまうか。つまりうまくコントロールできるかできないか。

武田　トラウマの視点から見ると、身体が危機を感じていて、それでも逃げられない・戦えないときに、心身を守るために解離する、という理論なんですけど、危機じゃなくても、ふわっと浮く能力はもっていると言いますか。

名越　ひとつちがうとしたら、武田先生が瞑想をされるとき、いわゆる身体理論に基づく西洋的な心理学のメソッドも取り入れた瞑想をされていると思いますが、僕の瞑想は真言密教《しんごんみっきょう》という宗教が伝えている瞑想だというところですかね。真言密教では瞑想によってまずは無心無我を目指すんです。無心無我になって自分が空っぽになったときに仏様に入ってきてもらう。そこまでに至ることは衆生（人間を含めた全ての生き物）である我々にはきわめて難しいと思うのですが、でも建前としては仏様と一体になるための瞑想なんですね。それって、短絡的にいうとフロー理論と似ているというか、良きもののなかにずっといる、みたいな状態です。

それに解離の理論を組み合わせると広がりすぎてしまうので、基本は一緒くたに僕はしないようにしているんですけど。世界全体に及ぶような良きもの、という感じのフローの状態にいることを、密教は生き方の指標としています。

それを密教の教えでは「菩提心《ぼだいしん》（悟りを求める心）をもちなさい、菩提心とともにありなさい」と説いています。なぜなら、これも密教的に言うと、この世界が全て仏様の写し身だと考えられているからです。密教には大日如来《だいにちにょらい》という仏様がおられるのですが、この仏様はとてもスケールが大きくて宇宙全体を表している存在だと言われています。その仏様の波長に合わせたままで生きなさいと。これってフローじゃないの？　と僕は思います。

武田　今のお話から、こう、仏様であるとか良きものとつながっていくような印象を受けました。私が思うに、トラウマにおける解離って、つながりのない解離なんです。一人ぼっちで心が身体から離れていく。世界が遠のいて、人とのつながりが感じられなくなる、孤独の解離。この解離の心境は、おそらく仏様とのつながりとはちがいますが、能力としては同じ土台にある気がします。それが上側か下側か、つまり、大いなるものとつながっていくのか、それとも孤独に世界から離れていくのか、方向性がちがうだけなのかなと思いました。

名越　心の中の理論を全部つなげすぎてしまうのはいけませんが、一方でどこか神経繊維のようにつながっているとも思います。でも、それだけ意識の世界は広大なので、つながりがなくなって切り離されてしまうと、その孤独も壮絶です。ある意味『スター・ウォーズ』に出てくる、ダークサイドに堕ちて暗黒

真言密教では仏様と一体になるために瞑想をする

をさまようみたいなことにもなるのでしょうか。

さらに申し上げると、密教では自分一人だけで悟ってはいけないと言われています。つながりをもたず自分だけで悟ると、暗黒をさまようならまだしも、悟って完成され安定してしまうので、それが人とのつながりをある種貧相に、あるいは冷淡にさせてしまう。だから、そういう悟りだけはするなと言うんです。もちろん、小乗《しょうじょう》仏教のように、自分が一人で悟ることこそが悟りである、という立派な宗派もあります。しかし日本の場合、密教では孤独に悟るのは危ないと教えられるので、絶えず仏様と一体になる悟りを目指します。孤独な平安に行ってはいけない、仏様と一体になりなさいと。

だから、武田先生がターゲットを決めて身体というものを絶えず担保しているように僕には見えるんです。それは、とても安全というか王道というか。つながりがないと、飛んでいってしまって帰れなくなりますからね。

僕はちょっと恥ずかしいんですけど、かなり怠け者なんですよ。はじめはせっかく密教のすごい和尚様に教えてもらえるんだから、お経も瞑想も水浴びも、どの修行も頑張ろうと思ったわけですよ。でも、結局水浴びしか続かなかった（笑）。その水浴びも最初は「これはどうなんやろう？」と思っていましたが、毎朝水をザーッとかけると、つらい冷たさのあとに身体感覚が戻ってきて、充実感を感じるんです。

夏で気温が30度あっても、水を被るとそれなりにきついです。でも、水浴びをしたあとは何の悩みもない、という状態になるんです。もうごっつい苦しくて「もうダメだ」と思っているときも、ザーッと水を浴びた瞬間、「あれ？爽快」ってなるんですね。**身体の感覚のなかに戻ることで、悩みがリセットで**

きるんです。

よほどの悩みがあるときは別ですが、9割以上は「これで今日はマイナスからじゃなくてゼロから、いやそれどころかプラスの気分で一日をはじめられる」という状態になります。

武田　身体の大事さがわかりますね。身体が土台であり、身体の状態は思った以上にメンタルに影響している。最近サウナが流行っていますが、水に入って整うというのは、やはり身体に戻るということかもしれません。

名越　あくまで個人的な見解ですが、僕は身体というのは最も身近な最小の自然だと思います。その自然は僕たちの社会やスケジュールなんかとは関係ないところで動いていて、そういう意味では絶えずこちらのスケジュールの足を引っ張る要因になるんです。でも、**最終的にはこの身体のほうのリズムに合わせるしかない**、ということは人生を数年単位で見渡してみると明らかなことなんですね。どんなにやる気があっても、身体が動かなければ何もできないんですから。**それを無理に動かそうとすると、どこかでまとめて酷い目に遭う**。

ところが、一見、言うことを聞いてくれない身体というものを無視せずに、むしろ対話したり和解したりすることをやりはじめたりすると、自分の生き方にとても大きな貢献をしてくれるということがわかってくる。

身体の言うことを聞くタイミングや作法をわかるのには何年もかかるし、僕もまだ不完全なんだけれど、身体の感覚を日々知ることの重要さはわかります。つまりは身体が嫌がることをやるのもまずいし、甘やかすのもよくない。じゃあ、どう付き合うのが良いのかというと、一番似つかわしい言葉は「運命」とかなんじゃないかと思ったりします。運命はおいそれとは左右できないけれども、それを受け入れると多少余裕が生まれて、やれることが見えてくる。運命を全然考えない生き方はやっぱり乱暴だし粗忽《そこつ》な気がします。**身体を知るということは、運命との付き合い方を知ってゆくことにつながる**んじゃないかと思うんです。

そして水浴びをしていると、毎回身体と自分の関係がリセットされるので、身体と自分とのずれや距離感がわかりやすくなったということは言えると思います。

武田　本当ですか。私もやってみようかな。

名越　寒い季節からはじめるのはおすすめしません（笑）。僕はもともと身体が弱いんですよ。たぶん、腎臓や肝臓が人より弱いと思うんです。でも、それは血液検査などの数値として出るものを言っているんじゃなくて、もっと潜在的なもの、東洋医学的にいうと「腎」とか「肝」という機能のことで、それが弱い。だから、すぐ疲れを溜めやすい。水浴びや身体のなかを見るということをやっていると、そういったことにも以前よりは多少敏感になってくる気がします。それでわかったのは、通常の時間に追いまくられている社会的な自我のレベルでは、決してリーチできない、いわゆる身体の奥のほうに疲れが溜まってくるんだ、ということです。精神的なストレスもそうだし、肉体的なものもそうです。

武田　奥のほうの疲れは、悪いほうに行けばトラウマですけれども、そうではなく健康に生きていても、安心したら、疲れや溜まっている感情が表に出てくるものですし、何だかつながっている感じがします。

名越　僕も本当にそう思います。病気と正常というのは、まさに人間が敷いた国境線みたいなもの。大気圏外から見たら地球に国境なんて線はないわけで、人間の身体のなかにもそういった境界線はないはずなんです。病気があるから健康があるし、健康があるから必然的に病気がある、と思います。もちろん、病気と正常を分けたほうが合理的で、都合が良いんですけど。

武田　どんな状態も、人間に自然と備わったものですよね。

名越　特に、**その限定的な時期に不都合なものを病気と呼んでいるだけ**じゃないかと思ったりもするんですよね。でも、それも何かのひとつの段階かもしれない。僕は病気って、はじまりだと思うんです。僕の人生を振り返っても、大きな病気とか精神的な欠落みたいなことからはじまったものがほとんどだと思っています。**次の人生のはじまりの前の難産の時期に病気になる**と僕は思っています。

だから、病気か正常か、トラウマが良いか悪いか、二元論で考えてしまうと浅い議論になってしまう気がします。社会的に適応できないから病気と名づけている側面があるんだという気がするんです。

武田　その時期に不都合なものを病気と呼んでいるだけなんだ、と名越先生の言葉をうかがって、本当にそうだなと思います。現在に影響を及ぼしている過

トラウマは動物としての
ごく自然な反応なんです。

去の経験のうち、不都合なものを「トラウマ」と呼んでいるんだなと。

トラウマは、過去に遭遇した危険に敏感になるということであり、動物としてごく自然な反応なのだと思います。過去の経験に学びながら生きている、ということです。思いやりのある環境で育って「世の中、みんな良い人だな」と楽観的に生きることもまた、過去の経験をもとにした反応ですが、それはトラウマとは呼ばれないわけで、同じ自然な反応でも扱われ方がちがいますよね。

トラウマを良い、悪いと判断するのではなくて、自然な反応なんだということを忘れずにいたいなと思います。

ポリヴェーガル理論とタッチセラピー

武田　様々なトラウマ療法が海外で開発され、日本にも情報が入ってきています。なかでも、トラウマに関わるならカウンセラーとして知っておいたほうがいいと評判なのが「ポリヴェーガル理論」という神経系の理論です。

これは、イリノイ大学のステファン・W・ポージェス博士による理論です。

難解な理論なので、トラウマに関わるところだけ簡単にご説明させてくださ い。同じ状況に置かれても、人の反応はちがいますよね。お店で店員さんに注意されて素直に受け入れる人もいれば、固まる人もいる。攻撃的になる人もいる。ポージェス博士は、同じ刺激を受けても個人によって反応が異なるのはなぜかを解き明かしたかったそうなんです。ポリヴェーガル理論によって、人間の神経系には逃げる・戦う／社会交流／固まるという3つのモードがあり、身体がどのモードにあるのかが、その人の反応や行動に大きく影響することがわかってきました。

人の身体には神経が張り巡らされていて、なかでも自律神経と呼ばれる神経が、呼吸や消化、心拍などをつかさどっています。自律神経には交感神経と副交感神経がある、というのはよく聞きますよね。交感神経は、勉強や仕事を頑張るときなど、アドレナリンを出して活動する際に働き、副交感神経は主にリラックスする際に働きます。ポージェス博士の発見のひとつは、副交感神経にはお腹側と背中側の2系統があり、それぞれ働きがちがうということなんです。

仕事や家事を頑張るときには交感神経が働きますが、ある程度時間が経つと「ふぅ、疲れた」と感じ、お腹側の副交感神経（腹側迷走神経）を使ってブレーキをかけて、落ち着いていきます。こうやって、波のように興奮したりリラックスしたりしながら、神経系が落ち着いていられるゾーン——耐性領域と言います——にあると、落ち着いて暮らせるんですね（図1）。

ストレスがかかると交感神経が活性化し、耐性領域を抜けて、緊張・警戒ゾーンに入ります。過覚醒の状態です。こうなっても、お腹側の副交感神経が働いて落ち着きゾーンに戻れたら問題ありません（図2）。ですが、お腹側の副交感神経というのは、生まれたときにはまだ発達しておらず、まわりの大人の働きかけによって発達していくものなんですね。

たとえば、子どもが道で転んでギャーッと泣くなど緊張・警戒ゾーンに入ったとき、まわりの大人が「どうしたどうした、大丈夫だよ」と声をかけたり抱っこしたりして、子どもを落ち着きゾーンに戻していきます。大人の神経系を使って、子どもの神経系を落ち着かせていくわけです（図2）。このように、他者の神経系によって自分の神経系が調整されていくことを「協働調整」と言

〈図1〉

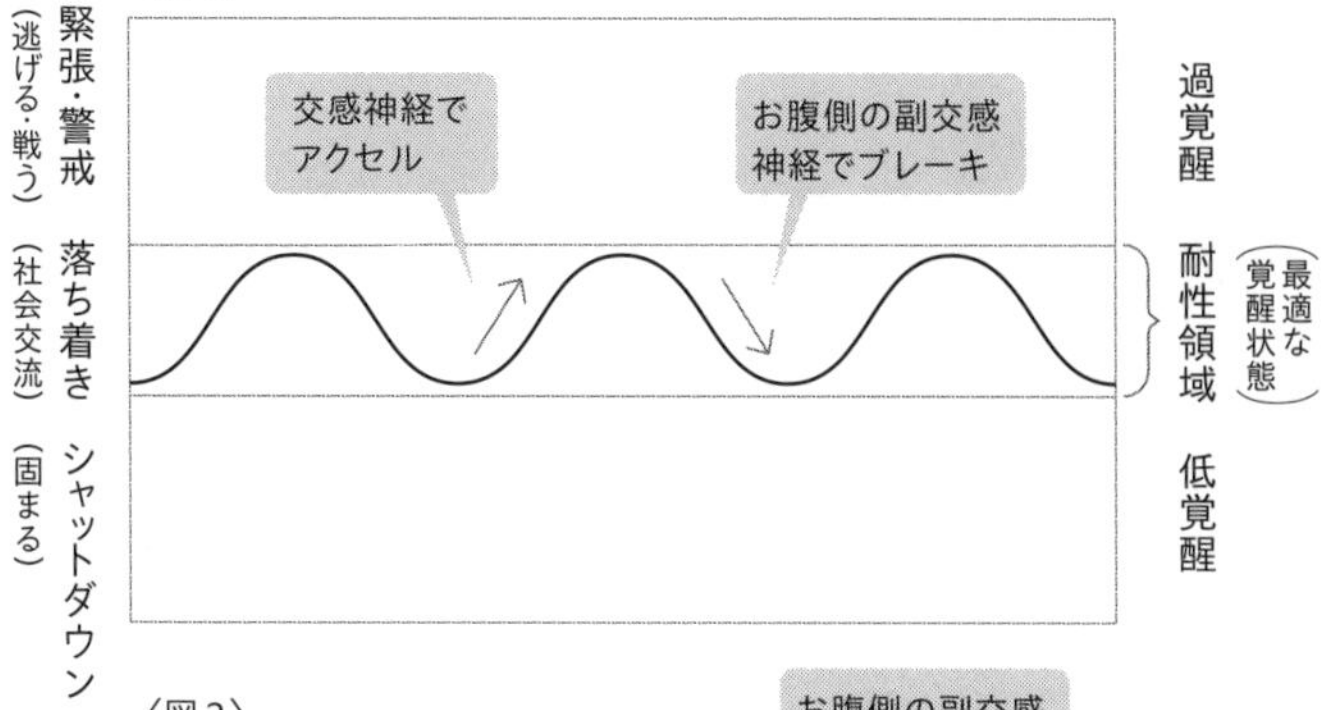

〈図2〉

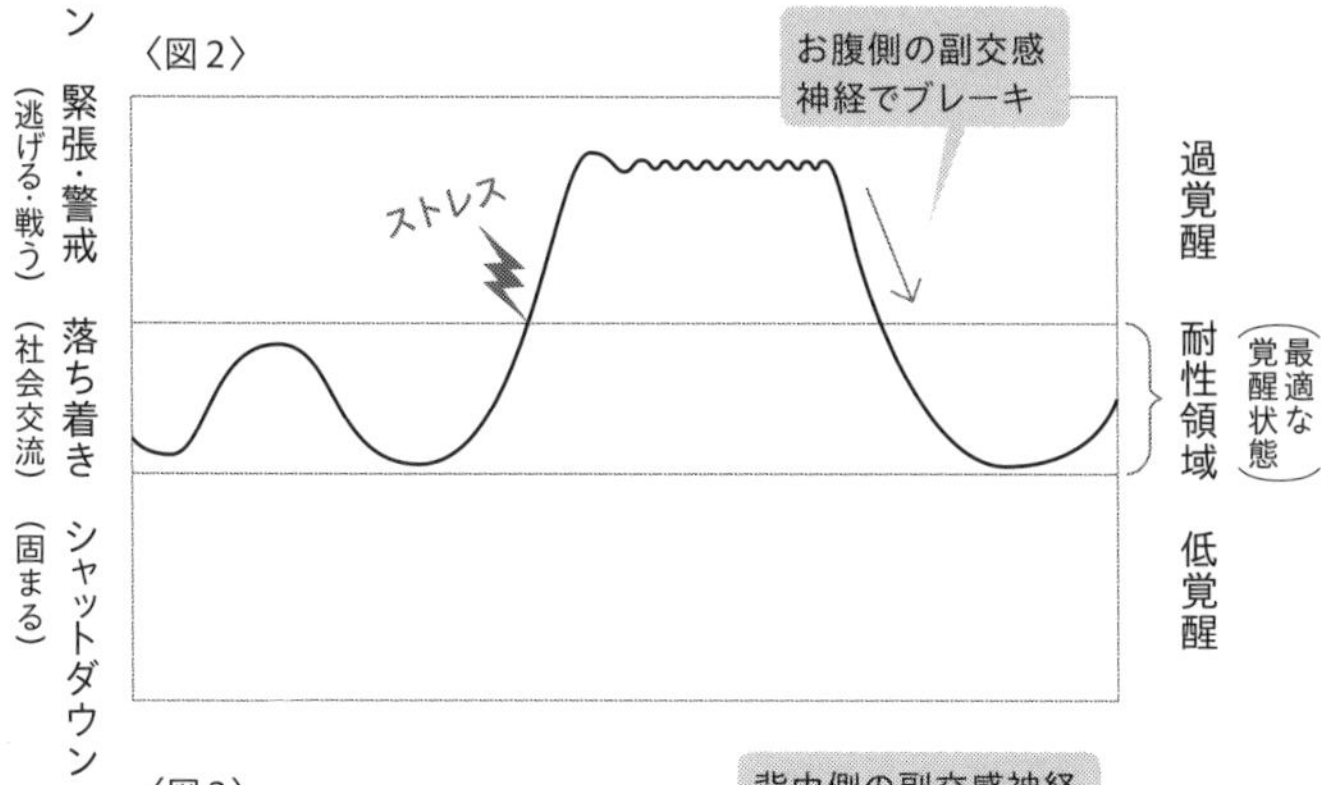

〈図3〉

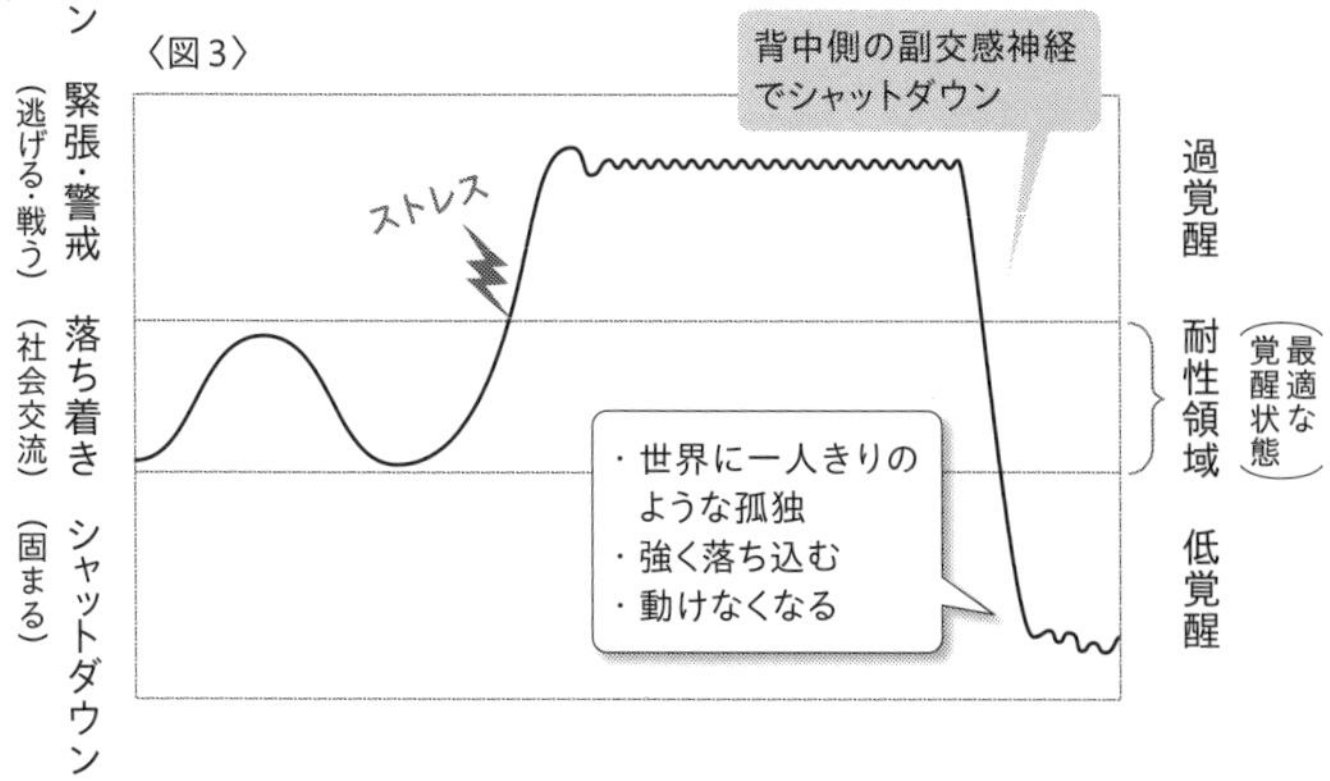

図 1-3:『レジリエンスを育む–ポリヴェーガル理論による発達性トラウマの治癒』
K.L. ケイン,S.J. テレール著をもとに武田作成。一部追記。

います。子どもが落ち着くことによって、大人も落ち着きますから、協働調整は一方的に与えられるものではなく、相互に働きます。

こうした神経系の調整を何百回、何千回と繰り返すことによって、子どものお腹側の副交感神経が発達し、ストレスがかかったときにも一人でも落ち着きモードに戻れるようになります。一人でも自然と落ち着いていけることを「自己調整」と言います。子どもは、まわりの大人に協働調整をしてもらうことで、だんだんと自己調整ができるようになっていくんですね。

ところが、子どもが転んで泣いても、まわりにいる大人が「泣くな！」と一喝して終わってしまう、無視される、大人のほうがパニックになってしまうなど、子どもの神経系が高ぶったときのケアがほとんど行われないとなると、子どもは協働調整を受けられず、交感神経が高ぶったままになります。過覚醒が続くのは身体に負担ですので、今度は背中側の副交感神経――これは赤ちゃんの頃から備わっています――が働いて、急激にシャットダウンをかけ、「固まる」「凍りつき」と呼ばれるような低覚醒の状態になります（図3）。思考がうまく働かず、動作ものろりのろりとしたものになる。動物で言うところの死んだふりの状態です。

名越　虫がコロンと死んだふりするような状態を連想してしまいますね。

武田　そうなんです。ストレスを受けると、意図せず身体が固まるモードに入ってしまう。この図は模式図なので、実際には過覚醒と低覚醒が同時に起こることもあります。じりじりと緊張したまま固まっているような状態です。

なお、神経系が落ち着きゾーンに戻りにくくなるのには様々な要因があって、必ずしも養育者との関係によるものがすべてではありません。出生時にへその緒が首にからまって呼吸が止まりそうだったとか、おぼれたことがあるとか、そうした生命の危機を感じた経験によって身体が緊張・警戒ゾーンやシャットダウンに入りやすくなることがあります。

相談者さんの話を聞いていると、頑張り続けては動けなくなるのを繰り返していることが多いですね。私もそうでしたが、過覚醒の状態で頑張り続けて、ある日パタッと会社に行けなくなるような状態です。他にも「バイトをものすごく頑張っていたけど、あるとき一気に心が冷めて『もういいや』と投げ出すように辞めた。また同じことになったらどうしよう」とか、「職場の人間関係に我慢し続けて、『もう無理』となって転職することを繰り返している」などがあります。

名越　過覚醒がずっと続いて、あるとき急ブレーキが踏まれると。

武田　こうした方は普段から休むのが苦手です。緊張・警戒しているか、シャットダウンにおちいっているか、両極端な2つのモードを行き来していて、なかなかゆったり落ち着いた状態になれないんです。

名越　そういう人は、睡眠のリズムもバラバラになりますよね。

武田　「仕事した日は興奮してなかなか寝つけない」という話を聞くことがあります。仕事中はずっと緊張していて休みの日は一日中家で寝ているとか、趣味や勉強をしたくても動けない、と。お腹側の副交感神経がある程度働いていれば、仕事中にも休憩できて疲れすぎずに働けるんですが、ふうっと落ち着く感覚がなくて「この仕事が終わったら次」という感じですね。

名越　延々とやれてしまうと。

武田　以前の私もそうでした。

名越　大人になってから周囲の人との関わりのなかで協働調整が補足されるこ

とはありますか？

武田　もちろんあります。神経系には可塑性《かそせい》（外界の刺激などによって常に機能的、構造的な変化を起こす性質）がありますので、大人になってからでも変化していけます。

私はトラウマ治療でタッチセラピーを受けたことで、落ち着きゾーンにいられる時間がずいぶん長くなりました。タッチセラピーは、カウンセラーが相談者さんの肩や腎臓などにそっと手を置くことで協働調整を行い、身体が少しずつ落ち着くことを学んでいくセラピーです。

名越　それは落ち着いてきているなと意識的にとらえているのか、それとも、気づいたら落ち着いていたなという感じでしょうか？

武田　意識的にもはっきり、落ち着いていくのがわかります。カウンセラーの先生が私の身体にそっと手を当てていると、それだけで頭のなかが静かになっていくんです。あれこれと考え続けていた思考が収まっていく。タッチセラピーを受けたことで、原稿を書いていても、一時間半ぐらいで「そろそろ休みたいな」と感じるようになりました。身体が落ち着きゾーンに入れるようになって起きた変化ですね。

名越　きわめて自然ですよね。

武田　過覚醒で生きていた頃は常に考えごとをしていましたし、「これが終わったら次」と動き回っていて、「休みたい」と感じることがなかったんです。でも、タッチセラピーを受けてからは、「身体が落ち着くまで座っておこう」とか、「あれもやらなきゃいけないけど、今じゃなくてもいいな」など、落ち着いて判断できるようになりました。過覚醒のときは皮膚がザワザワと粟立っている感じですが、それがだんだん、鳥肌が収まるみたいに落ち着いてくるので、自分でも「落ち着いてきた」とわかるわけです。

名越　ということは、やはり大人になってもこの理論を知ることで補えるというか、ある程度取り戻せるんですね。

武田　取り戻せると言われています。ただ、バランスの良い神経系を作るには、やはり数ヶ月から年単位の時間がかかるようです。こうした療法に詳しい神経セラピストの浅井咲子先生が、著書で神経系を育てるエクササイズを紹介しておられるんですが、「一般的に言えるのは年齢の10％くらいの時間は続け

タッチセラピーで
身体を落ち着かせていく

てみてほしい」「5歳の子どもなら約6ヶ月、40歳の大人なら4年」と書かれています（『「今ここ」神経系エクササイズ』浅井咲子著・梨の木舎）。4年もかかるのかとがっかりするかもしれませんが、4年目にやっと改善するということではなく、やっているうちに落ち着ける時間が徐々に増えていきますから、効果を実感できるのはもっと早い時期だと思います。

タッチセラピーでタッチしてもらうと、私は正座したあとのように、足先が痺れた感じになります。未消化の感情がそこから出ていっているのだと言われました。感情が湧くときは身体に生理的な変化が起こっています。怒っているときにはアドレナリンという神経伝達物質が出ますし、ストレスがかかると副腎皮質からコルチゾールというホルモンが出て、身体を興奮状態にし、ストレスを乗り越えようとします。タッチを通して協働調整してもらい、身体が安心を感じることで、過去のトラウマ経験から高止まりしていたコルチゾールなどの値が下がって、心も穏やかさを取り戻していくのだと私は理解しています。

私のカウンセリングでも、相談者さんに、「身体の状態を感じてみましょう」と声かけをしていきますが、ゆっくり息を吐くなどしてリラックスしていくと、「手があたたかくなりました」「足先がじわーっと痺れてきました」みたいなことが起こるんですよね。

名越　言葉ではなく、身体を通じて過覚醒の状態から、落ち着いた状態に移行させるわけですね。

武田　はい。言葉だけでは神経系は変わらないと言われています。当時のことを話すだけでは、頭では何があったかわかるけど、身体の反応は変わらないんです。蛇を見たら身体がすくむのと同じで、過去の経験が身体にとって怖いものままだと、それを思い出したり、当時に似た状況だと身体が感じるたびに、自動的に逃げる・戦う（過覚醒）、あるいは固まる（低覚醒）モードに入ってしまいます。

身体の反応を変えるには、身体の状態に目を向けて、そこにミスマッチを起こすことが必要だと言われています。皮膚のザワザワした感覚や頭にモヤがかかった感じなどに意識を向けて、寄り添うようにじっと感じていくと、そのザワザワがだんだん変化して落ち着いていきます。

名越　はじめはなかなか苦行ですよね。

武田　一人では難しいし、専門家のサポートがないと危険です。一人だと意識を集中し続けられないし、身体の感覚が恐ろしくて不安も出てきます。普段は、その感覚から逃げたくて、次から次へと動き回ったり、休まずに働いたりしていますから。

名越　なるほど、その感覚が強烈なので、避けるために過覚醒になるんですね。

武田　「仕事が忙しい時期に部屋の片付けが止まらなくなり、ついには夜中に模様替えをした」とか「疲れているときほどハイになって、どんどん予定を入れてしまう」といった話もそうですね。

こうした状態については、臨床家のキャシー・L・ケイン氏らが著書『レジリエンスを育む』(岩崎学術出版社)で解説しているんですが、過覚醒から落ち着きゾーンに入ろうとして、でも落ち着くことができないから、どんどん動き回ってさらに活性化してしまう状態です。

名越　不安が出てくるというのは、精神的なものではなくて身体的なものとして嫌な感覚なんですね?

武田　はい、身体的な感覚です。でも、ほとんどの相談者さんは身体の感覚には気づいておらず、不安やイライラなど精神的なものとして感じています。ですから「不安なんです」と言われたら、不安の内容について話すのではなく、「今、身体では何が起こっていますか?　どんな感じがしますか?」と身体の感覚を聞いていきます。

「みぞおちの辺りが重い」など身体に出ている重さや固さ、つまった感じなどに意識を向けて、寄りそっていきます。一人だと難しいので、私が一緒にいます。「もし、しんどかったら途中で止めて戻ってきてもいいから、一緒に感じていきましょう。その感覚が良いか悪いかという判断はせずに、ただただ『そういう感じがするんだな』とニュートラルに感じていきましょう」と促していきます。一緒にダイビングをするようなイメージですね。お互いにバディを組んで、身体の感覚を探っていく。

名越　そんな風に言われたら泣いてしまうわ。

武田　身体に現れている未消化の感情に寄り添い、感じて消化することで、同じような事態が起こっても怒りが出にくくなったり、「頭ではわかっているのにどうしてもできない」という状態が和らぎます。この理論を知っておけば、まず落ち着くことができるようになってくると思います。

名越　知っているだけで安心できますね。これは今の感情じゃなくて、昔の感情かもしれないと思えれば、ひと心地が着ける。その差は大きいかもしれないですね。

武田　いきなり嫌な感覚を感じると、あまりにも怖いので、最初は心地良い感覚を感じることからスタートします。温泉に入ったこととか、子どもの頃に遊んでいた草原など、くつろいだ時間を思い出すと身体がリラックスしてきます。そこで「今、身体はどんな感じですか?」と聞くと「肩が下がりました」とか「お腹があたたかいです」など、心地良い感覚に気づけるんです。そうしたら私から「肩に意識を向けて、『肩が下がったなあ』とその感覚を味わいましょう」と促して、心地良い感覚を強化していきます。

名越　悪いものを取り除くのではなくて、良いものに意識を向けるほうが効果的なんですね。

武田　はい。そうやって、まずは「身体を感じても大丈夫なんだ」というセッティングをします。

名越　なんというか、ポジティブな方向から入ったほうが良いんですね。身体の感覚を感じていい、そうなっても大丈夫というか。そこの鍵を開けるほうが先決ですね。そのために、ミスマッチを起こすというのも斬新ですね。嫌な感覚とリラックスしていた頃の記憶をマッチングするというのは。でも、僕もそれは大いに賛成です。

カウンセラーと二人で
身体の感覚を探っていく

自分の「好き」がわからない人へ（武田）

　さて、ここでは「日常のちょっとした場面でも自分の気持ちがわからない」という人に向けてお話ししていきたいと思います。

「好きなことを仕事にしたいけど、そもそも〝好き〟ってどんな感覚かよくわからない」「職場でからかわれて、まわりからは『もっと怒ったほうがいいよ』と言われるけど、怒るべきことなのかわからない」といったことはないでしょうか。

　実は、解離していたり頭で考えてばかりになっていると、「好き」「嫌い」「嬉しい」「楽しい」「怒っている」などの〝感情を表す言葉〟と〝身体の感覚〟が結びついておらず、自分の気持ちがわからなくなるんです。

「何にモヤモヤしているのかわからないんだけど、なんだかモヤモヤする」ということが頻繁に起こっていて、自分が何を好きで、何を嫌だと思っているのか、どうしたいのかもよくわからない。「自分の気持ち」というものがうっすらとしたモヤのようでうまくつかめない、という感覚になるんです。

こうした場合、身体の感覚に意識を向けることで、〝感情を表す言葉〟と〝身体の感覚〟を結びつけていきます。カウンセリングでは、相談者さんが「会社でこういうことがあって、それで僕は腹が立って」と感情を口にしたときに、すかさず身体の感覚を感じてもらいます。すると、お腹がカッと熱くなっているのを感じて「これが怒るってことなんだ。僕はこんなに怒っていたんですね」と、びっくりされます。他にも、肩の力が抜けて胸が広がるのを感じて「リラックスするって、こういう感じなんですね」と気づいたり（感情がワーッと高ぶっているときに身体を感じると、刺激が大きすぎて危険なので、ある程度落ち着いて話せる状態で感じる必要があります）。

「これが怒るってことなんだ」「これが嬉しいってことなんだ」など、感情と身体の感覚を紐づけることで、今度は身体の感覚を手がかりに、自分の気持ちがわかるようになります。

「自分が何が好きなのかわからない」という相談者さんも、日常の些細なこと、たとえば植物の芽が出る様子を見て胸のあたりがワクワクする感じをつかめるようになってくると、「こういう感じがする物事が、自分にとっていい物事なんだ」とわかってきます。身体の感覚をもとに、自分の「好き」を見分けられるようになるんです。

「なんだかモヤモヤする」というときに、これまでであればモヤモヤの正体がわからないまま具合が悪くなっていたところ、「このモヤモヤはなんだろう」と自分の状態を観察したり、それまでの出来事を振り返ったりできるようになります。すると「ああ、午前中の仕事の○○がイヤだったんだ」といった具合に、自分が何をどう感じたのかがわかります。「これがイヤだった」とわかるだけでもモヤモヤは晴れますし、何がイヤだったのかを把握することで、同じ目に遭わないように対策を考えることもできます。

自分の気持ちに合わせて行動できるようになると、体調を崩すことが減って、心も身体も安定してきます。何より、嬉しい、楽しい、怒っている、といった感情がはっきりすることで、以前よりもはつらつと生活できますよ。

やってみよう

リラックスしたときに
自分の身体の状態を感じてみよう。

↓

自分の気持ちに気づくことができる!

協働調整と感応技法

武田　先ほど、私が過覚醒状態で生きてきた話をしましたが、会社員時代から「休めない」という悩みがありました。疲れていてもやるべきことが次々に目に入ってきて、つい動いてしまう。「ちょっと座ってお茶を飲もう」とはなかなかならない。

カウンセラーになってから、休めないのはなぜだろうと思って瞑想してみたところ、「眠るのが怖い」という赤ん坊の頃のイメージが出てきました。

会社員時代も安心してゆっくり眠るのではなく、過覚醒が続いてパタッと電池が切れたように眠るというパターンでしたが、赤ん坊の頃からそうだったのかなとびっくりしました。もちろん、イメージがそのまま事実とは限りませんが。

名越　赤ん坊の頃のイメージというのはどんな風に出てきたんですか？

武田　ベッドに入った状態で身体のどこに緊張があるのかなとサーチして、緊張しているところを見つけたら、そこに意識を向けます。ずっと意識を向けていると、だんだん緊張が変化して、「この緊張が私を守ってくれている」という感覚になったんです。すると、先ほどお話ししたバーチャルツアーがはじまって、赤ん坊の頃のイメージが出てきました。

名越　緊張が出ているのは防衛しているからですね。

武田　防衛が解けて、その奥にいる、守られていたものが出てきたんだと思います。

名越　甲羅を被った本体が出てくる。

武田　その本体というのが、最初は小学生くらいの自分なんですけど、何回も瞑想を行っていると、だんだんと赤ん坊の年齢に若返っていったんです。こうした若返りは相談者さんのバーチャルツアーでも起こります。

名越　ちなみに、その緊張が出る場所は毎回ちょっとずつちがうんですか？

武田　ちがいます。肩だったり腰だったりします。

名越　瞑想は毎日行っているということですが、きっかけは何だったんですか？

武田　子育て中のイライラをなんとかしたくて本を読み漁るうちに、身体の状態を感じるという療法に出会ったのがきっかけです。

幼い娘に対して自分でも信じられないくらい怒りが湧いて、それを抑えるのに必死な時期があったんです。イヤイヤ期の子どもがギャーッと泣いたときに、まるで自分が罵倒されているような感覚になったんです。頭がガンガンしてきて耐えられなくて、強い怒りが出る。これは明らかにおかしい、尋常ではない怒りだと、私自身がカウンセラーなのでわかるんです。

これは一体なんなんだろう、早くなんとかしなければと心理系の本を読み漁るうちに、大河原美以先生の「子育てに苦しむ母との心理臨床」（日本評論社）という本に出合って、自分に起こっていることがトラウマの症状だと知りました。

子どもが泣くたびに、私にフラッシュバックが起こっていた。罵倒されている感覚は、私が子どもの頃に感じたものなんですが、生々しくフラッシュバックするので、あたかも今まさに大人の私が子どもに罵倒されているような感じ方になるんです。その感覚に耐えられなくて、とにかく娘に泣き止んでほしくてワッと怒りが湧く。だけど、子どもにキレちゃいけないってわかっているから、噴き出る怒りと、なんとか抑えなきゃという葛藤で、もうぐちゃぐちゃでした。

名越　怒りのなかにトラウマ由来のものがあることは、私も以前から発信しています。明らかに力価がちがうというか、火力のちがう怒りがある。そのときにはきっとトラウマ由来だろうと私も思うことにしています。でも、先生みたいにちゃんと怒りを制することって、一般的にはきわめて高度ですね。

武田　本当に制御が難しかったです。全身が怒りに乗っ取られる感じで、「怒りそうになったら6秒待つ」とか、そんなものは頭から吹き飛んでしまう。

娘が3歳くらいの頃、保育園からまっすぐ帰ってくれないことがありました。優しく「帰ろうよ」と言っても動かないので、本当に胸が苦《にが》い感じだったんですね。この苦いのはなんだろうと思って、じっと観察していると、「お野菜が苦い」みたいな感覚がポッと出てきたんです。野菜は苦いから食べたくないのに食べないといけない、嫌なのに従わなければいけないという思いが、苦さとして残っていた。その苦い感覚に気づいてからは、怒りが噴き出ることがずいぶん減りました。

名越　それはとても面白いですね。娘さんに対して直接的ではなくて、ワンクッション入る形で想起されていますね。多くの人は大人になると比較的野菜が食べられるようになりますが、子どもの頃の野菜を食べるときの苦痛って、人によってはそうとうなものなんですよね。そのときに武田先生の想起された親側の葛藤の根源が、自らの子どもの頃の苦痛に結びついている、ということかもしれなくて、象徴的な気すらしますすね。本当にある種、心を分析することで精神疾患を治療しようとするフロイトの精神分析のようだと言えるのかもしれない。別に娘と野菜を食べる、食べないで葛藤しているわけではないのに、野菜の味がしてくるというのは鮮烈です。怒りの裏にある苦痛や抑圧が、幼少期に野菜を食べるという苦痛や抑圧と同調しているのでしょうか。

武田　記憶が出るんですよね。嫌でも従わなければならないということが、もう引き金になって、怒りが出る。

名越　そこが難しくて、武田先生は解釈される専門家だからそんな風に、「あれ、これって?」と勘が働くじゃないですか。この否定されている感じって、野菜の味だけど否定されている感じだなとか、これは当時の痛みを象徴するものだな、と解釈できるけれど、それをやってない人は当然スルーしますよね。

武田　まず、身体の感覚に気づけないですよね。

名越　苦い感じすら意識できない。

武田　知ることで、できるようになる場合もあります。相談者さんに「身体の状態を感じていきましょう」と伝えて一緒にやっていくと、できるようになります。カウンセリングの場で何度かやってやり方を覚えたら、あとは自分で取り組んで、どんどん元気になる方もいらっしゃるんですよ。ですから、方法論を知っているだけでもヒントになるんじゃないでしょうか。

名越　なるほど、そう思いますね。それだけじゃなくて、「苦い感じ」と武田先生が言ったら、僕のなかでも今、苦いものを食べたときに近い感じが起こったんですよ。それって先生が過去に戻った体験が何かしら鏡像のように自分に、異なる形ではあろうとも再現されている。そういうこともひとつの助けになると思います。

武田　協働調整には、相手の身体の状態をお互いに写し取る側面があり、私は

それを目一杯使ってカウンセリングをしています。相談者さんが話していると
きに、聞き手の私がのどが詰まった感じがしたら、ここは相談者さんが言いに
くいところなんだなと気づいたり。

名越　それはもう感応ですね。僕はずっと野口整体（野口晴哉氏が創始した整体法）を受けているんですが、整体には感応技法というものがあります。僕の浅薄な理解ですが、感応技法とは周囲の人や環境と同調する能力を無意識ではなく、意図的に使うことです。

野口先生がやられている精緻な技法と、僕がやっていることは全くレベルがちがいますが、私が指導を受けているときは、自分はただ腹ばいになって安静にしているだけなんです。なのに、なぜか自分の身体のなかで次々と変化が生じてくる。たとえば、催眠なら誘導とかあるわけじゃないですか。でも、感応技法は何かをしているというわけでもないんです。それでも他では決して経験できない充実感が残る。それで通わせていただいて3～4年くらい経ったときに、恐る恐る「先生、僕の身体を見ておられるんですよね」と言ったら、「名越さんの身体なんか一切見ていません」と言われたんです。僕はそのとき椅子

から転げ落ちそうなほど驚きました。「僕は僕の身体を見ているんです」と先生がおっしゃったんです。面白いでしょう？

武田　名越先生に意識を向けてはいらっしゃるんですよね？

名越　つながってはいるんですよね。でも、見ているのは自分の側。つまり相手の首に緊張があるのではなくて、先生は自分の首に緊張が来るわけです。このエピソードはもう10年以上前のことですが、それから僕もカウンセリングをするときに、それを使うようになったんです。もちろん、自分なりの方法論ですが。

相手に関心を寄せているんだけど、見つめるのは自分の内側、つまり自分の身体の変化を見つめているんです。そのほうがかえって相手と心理的に深いところで同調しやすい。そうすると何倍も、全然ちがう世界になったんですよね。僭越ですが、武田先生のお話はそれにとても似ていると思いました。

武田　ええ、本当に似ていますね。私は、協働調整の概念を知ったときに、私の両親は協働調整がうまくできなかったんじゃないかと思ったんです。赤ちゃんには、自分の状態を感じ取ってケアされているという感覚が必要で、それが安心感につながると思うんですが、私にはそれがなかったので。

名越　そこは言葉以前のコミュニケーションで、人生の最初期の欠損なので扱い方がちがってきますよね。

武田　泣いていれば目に見えてわかりますから、世話をしてくれていたと思います。でも、子どもの頃から、思いやりや不安など、そういう〝目に見えないもの〟を親に受け取ってもらえている感覚がなかったんです。それ自体がものすごく恐ろしい世界だったんだな、と思いました。暴力も暴言もないし、学校にも行かせてもらえたのに、なぜ自分はこんなに傷ついているんだろう？　そう思ったときに、非言語の協働調整がなかったんだと気づいたんです。

名越　その協働調整は僕が知っている感応技法と通ずるものがあると思うので、非常に嬉しいです。

武田　トラウマ療法では、従来の対話だけのカウンセリングには限界があり、身体の反応を変えていく必要があると言われています。それでも、これまで対話で治療してきた先生方もいらっしゃって、その人たちは言葉のやり取りをしながら、声の豊かな韻律や表情を用いて協働調整をしていたのではないかという説があります。

名越　全くそう思います。広い意味でいうと歌もそうかもしれません。おそらく音楽とか歌は古代から治療という側面があったと思うんですよね。というのは、古代においては歌・音楽と宗教儀礼は一体でしたから。宗教儀礼は癒やしであったり、節目であったり、みんなが孤独におちいることを防ぐ、共同体としてのつながりという大きな勇気と救いを得る技法だった。音や声の強弱、震え、波長によって協働調整が起こっていた、と考えれば、ものすごくしっくりきます。

パーツアプローチ

名越　協働調整をいくらしようとしても、今どきの言葉で言うなら「自己肯定感」が低くなっているから、勇気づけられてもなかなかそれを取り込めない、という悪循環も起こりますよね？

武田　ええ、逃げる・戦うモード（過覚醒）、あるいは固まるモード（低覚醒）

のときは、人との落ち着いた交流が難しくて、まわりからのあたたかい働きかけにも反応しにくくなります。

カウンセリングでも「まわりから褒められても受け取れない」という話が出ることがあり、そういう場合はパーツアプローチを模索します。パーツアプローチは、先ほどのバーチャルツアーと同じIFSという心理療法の手法で、一人の人間のなかには複数のキャラクター（パーツ）がいる、という考え方をします。褒め言葉を「受け取ったら危ないぞ」と思っているパーツがいるのであれば、そのパーツの話を聞いてみるんです。

名越　「褒めてくれたけど……とはいってもね」みたいな警戒心の強いパーツが、相談者さんのなかから出てくるかもしれないわけですね。

武田　そうなんです。そのパーツに対してカウンセリングをしていくような感じです。

名越　ものの見方や受け取り方、行動に働きかけてストレスを減らしていく認知行動療法のようですね。

武田　似ていますが、ちがうのは考え方や行動を修正するのではなく、「なぜ

パーツに出てきてもらい、
話を聞いていく

そう思ったんですか？」「何を心配していますか？」とパーツに話を聞いていくんです。

名越　なるほど。もっと受容的なんですね。

武田　はい。「どのパーツも大切な存在で、みんな自分をうまく活かせるために存在している」というのが基本的な考え方です。ですから、褒め言葉を受け取らないパーツには、受け取らないだけの理由があるんだ、と考えていきます。

名越　「騙されたらダメや」と思ってくれているわけやからね。

武田　パーツに寄り添いながら話を聞

いていくと、パーツが少しずつ心を開いてくれて、「だって、過去にこんなことがあったんだ。だから、二度と同じ目に遭わないように守っているんだ」みたいな話をしてくれます。そうやってカウンセリングしていく手法です。

名越　わかります。話が一段落したなと思ったあとが本番だった、みたいなことですね（笑）。

武田　「カウンセリングの帰り道にこんな考えが浮かんだんですよ」と教えてくださる方もいます。核心が出てくるのは安心したあと、ということなんでしょうね。

名越　そうですよね。こっちは「今がクライマックスや」と思って話しているんだけど、実は一山越えて部屋を出て、ほっとしてお茶を飲んでいるときに「あ、これ先生に言うの忘れていたけど……」みたいなね。

武田　あります。そんなとき、私は相談者さんの心模様に追いついた感じがします。本題が終わって、最後にふと聞かれたことにサラッと答えたら、それで相談者さんの気持ちが一気に解放されたり。

名越　全部一致したというか、オチがついたように感じますよね。

武田　私のカウンセリングは1回が60分なんですが、最後のやりとりにたどり着くために50分ずっと話していたんだな、と思うこともあります。おそらくその50分の道のりが大事なんだろうと。

名越　そうなんですよね。ほっとしたらぽろんと出る感じ、けっこう経験します。

武田　緩んでいるほうが力を出せる、にも通じますね。

名越　歌もそうですね。理想は身体が究極にリラックスしているのに、なぜか声が出ているという状態。歌に導かれていると言う人もいます。自我がほとんど消えているような状態のときに、聴いている人がほろっと泣いたり癒やされたりする、というのとつながっている気がします。

武田　**自我を超えるような、何か大いなるものとつながっている表現は、他者に響くのだと思います。**

感覚の出どころは自分？　それとも相手？

武田　話が戻るのですが、野口整体の感応技法についてひとつ質問があります。私も感応技法と同じように、相手の身体の状態を自分の身体に写し取りながらカウンセリングを行っていますが、自分の身体に出てきた感覚、たとえば「のどが詰まる感じ」が、本当に相手のものなのか判断に迷うことがあるんです。相手の感覚を写し取っているのか、それとも相手の話が私の過去の経験に近くて、自分の反応として、のどが詰まる感覚がしているのか。先生はどのように見分けていらっしゃいますか？

名越　ああ、それは本当にすばらしい質問ですね。武田先生とは対談とかではなく、たまに寄る喫茶店の常連同士としてお会いしたかった（笑）。それほど、ある意味成り立ちからじっくり話さねばならない質問だなと思いました。

武田　これは絶対先生に伺おうと思っていました。こんなにも感覚の話ができる方はめったにいないんです。学びのためにぜひお聞きしたいなと。

名越　感応技法はもっと専門的に言うと内観法《ないかんほう》とも呼ばれます。心理学を学んでいる人は、少なからず他者に興味があると思います。なのにいきなり内観、自分の内側を見ろと言われても面食らってしまうと思います。もちろん僕も探り探り試行錯誤しながらやっているのですが、こういうことを言葉にしてみることは必要なことだと思うので、分不相応ですが話していきたいと思います。

先ほど申し上げたように、カウンセラーを志す者は、どちらかというと普段から外側に意識が向いていると思うんです。ただでさえ外側志向なので、バランスのためにも人と話しているときは、自分の心の内に意識を向け続けてゆけば良いと思います。そこでようやく意識が自分と相手の半々くらいになると思うんです。

はじめのうちは、その感応は自分の自我なのかそうでないのかは区別はつきません。しかし、これはどうも気持ちが悪いなと思う感覚が多ければ、それは自分の欲や自我で感じていると思っていい。そうではなくて、すっと立ち上がってくると言いますか、意識せずにふと出ている言葉や感覚があれば、それは自我とは少しちがう領域に意識が向いているのかもしれないのです。直感と呼ばれるものと近いのかもしれませんが、あくまでも相手がいるので、どちらかというとやっぱり外側からくる感覚だと思うのです。

たとえば、話を聞いていて、ふと「ああそうか、さみしいよね」という言葉が無意識に出て、それから「あれ？　ああ、ごめんごめん」というように我に返る。そういうちょっとした無心のつぶやきみたいなものが一瞬起こっている。それはもちろん自分のなかの感覚をもとにしているのだけれど、同時に自分が想像したものではない、ある種の客観性がある感覚です。そんな実践を1年くらい繰り返していると、そのうち、相手のなかで起こっているのか、自分のなかで起こっているのかが、ある程度は区別できるようになります。

ちがう方向からたとえてみると、道に迷ったとき「こっちだったかな？」と不安になりながら進むのと、知らない道だけど明確に「あー、こっちだ！」と思って進むときのようなちがいに近いかもしれません。それくらい明確に区別できるようになります。

武田　なるほど。「これは確かに相手の感覚だ」と思えるときもありますが、五分五分だなと感じることもまだ多いです。

名越　確信が起きないときにはいったん時間を置いたりもします。僕の場合は今、人前でカウンセリングするオープンカウンセリングの形で行うことが多いのですが、みんなと考えながら話している流れがあれば、いろいろなところに目線を移せたりして考える間が置けるんですよね。そうやって話を聞いているときに、自分のなかに浮かんでくる感覚やイメージに集中していると、次第に相手が何を言いたいのかはっきりしてくる。それで機が熟したところで「6対4くらいの感じなんですけれど、こういうことかなあ。こんな方向とも考えられるけれど、どうでしょう？」とか言えるわけですね。そのときに相手が僕の考えに流れで同調してしまう可能性もあるので、それは区別する必要はありますが。

そうでない限り、僕の分析が受け入れられて、次のフェーズにスムーズにカウンセリングが進んでゆくことがあるんですね。相手がこちらの助言に表面的に同調しているだけなのかどうかは、完璧はあり得ないですが、注意深くあればいずれわかってくると思います。たとえば、どこか心ここに在らずという表情などによって見分けます。逆に、小さくともビビッドな返事かどうかなどは、カウンセラーにも伝わってくることが多いと思うのです。

武田　二段構えなんですね。まずは自分の感覚の明確さを見る。確信が湧かないときは時間を置き、頃合いを見て相手に聞いてみる。それが同調による答えなのかも見るんですね。

名越　あと、こういう感応的な解釈や分析は、やはりリズムも重要な気がします。カウンセリングは対話ですから、リズム、緩急、呼吸というものが大事なんです。そういう意味ではアドラーの発見したオープンカウンセリングの技法（オーディエンスのいる状況でカウンセリングをする技法）ってうまくできていると思うんです。オーディエンスがいる場って、全体を覆うようなリズムが生まれやすいんです。

カウンセリングに話を戻しますと、クライアントから完全にシャッターを閉ざされているという場合もあります。何を言っても一切門前払い、あるいは話が上滑りで噛み合わない、というパターンですね。一見会話は成り立っているのですが、お互いにうまく歩み寄れない。距離がありつつ、防衛しつつ、仲良しを演じている国と国のような。反応は仰々しいけれど、白々しい薄っぺらさとその裏でとぐろを巻いている攻撃性のようなものが、場に醸し出されているようなパターンですね。こういう状況をカウンセラーは回避しなければならないのでしょうが、嵌まり込んで抜けられないことも起こってくるわけです。

あるいは、自分が助言したことが間違っていたのかなと思いつつ、おかしいな、確信あるけどな、と思っていたら、僕の思いすごしで、もちろん本当の勘ちがいというパターンもありますけど、何ヶ月か経ってから「あのとき、先生はああ言ったじゃないですか。それが的を射ていたので、私は頭が真っ白になっていたんですよ」と、つまり芯を食っていたことがわかるという場合もあります。

心理学は決して高邁な学問ではない

武田　私はどこまで深くカウンセリングをするか悩むことがあります。特にトラウマ治療は、どこまででも深く過去に潜れてしまうので、どっぷりやりすぎると危ないなと思うんです。あくまで、今を元気に生きるために必要な分だけに抑えておくべきだと思っています。

名越　大学で講義するときなど、自分に対する自戒の念も込めて、「心理学ってそんな高邁《こうまい》な学問ではないよ」と教えています。心理学は他者を操作しやすい部分もあります。だから心理学は、どうやってこの社会のなかで個人のクオリティを改善するかというレベルにとどめておかないとおかしなことになります。学生には「心理学はそれだけでは、二流の学問だということを忘れないでください」と伝えています。もしも一流にしたいのであれば、もっといろいろな見聞を広め、宗教や哲学までをも含め、幅広く学んでいくことが必要でしょう。口幅ったい言い方になりますが、少しでも自分を高めることによって心理学は高まります。つまり、心理学そのものを直接高めようとするより、その裾野を広げてまず礎を作ることのほうが大切だと、個人的には思っています。

武田　相手を操作したり、相手の精神世界に呑み込まれることなく、目の前の人の心につながるには、自然や歴史といった大いなるものや身体とつながっている感覚をもたないと危険だと思います。

名越　全く同感です。ちがう角度から説明しようとすると、心理学を学びカウンセリングをするうえで、ある抽象的なゴールを設定しておかないと、人の心を解き放つのではなく、人を恣意的に操作する方向に行ってしまうことにもおちいる。そのゴールとは、アドラー心理学の場合には共同体感覚（他者を仲間だと見なし、まわりに貢献したいと思って生きる感覚）ということになるし、仏教ならば仏性（人や生き物のなかにあると考えられる仏としての性質）というものである気がします。

もともと心理学は哲学から出てきているものですし、哲学は神学から生まれたものだと思います。でも、日本にはそのような伝統がないので、心理学を学ぶ者はそれらをすっ飛ばして、いきなり心理学に手を突っ込むしかない。しかし、それでは人とは何か、この世界とは何か、という根本的な問題が空洞になってしまうので、カウンセリングの方向性を見失うことになってしまう。付け焼き刃の場当たり的な解決に向かってしまいがちになるということですね。もちろん、付け焼き刃もきわめて大切な技能なんですが、どちらに向かって歩んでいるのか、という全体の地図は密かにもっておいたほうが良いです。

さらには、実際のカウンセリングの現場では、知識として哲学や思想をもっていてもあまり役には立たない。けれど、やっぱりそういった「大いなるもの」あるいは自分の身体感覚とつながっていないと、今ここでの対話のなかで活かせるものではないわけですよね。

そのためには日々、自分でも内面の気づきを深めていったり、周囲との一体感を得る機会が必要になるとも言えます。自分をほんの少しずつでも高めておこうということですね。

武田　心に潜る危険性を考えるとき、私は作家の村上春樹さんのエッセイを思い出します。村上さんは小説を書くために深く物語の世界、つまり精神世界へ降りていかれるわけです。30年ほどランニングをしておられるそうですが、それを「悪魔祓い」と表現されているんです。「毎日外に一人で出て走ることで、僕は小説を書くことで絡みついてくる「闇の気配」をふるい落としている気がします」と(『職業としての小説家』新潮社)。

私は昔、カウンセリングの師匠に「精神世界に潜るには命綱が必要だ」と教えられました。そうしないと深みに入りすぎて、現実世界に戻ってこられなくなると。私は、命綱とは、身体とのつながりや日常生活で大切な人がいることなど、現実とのつながりなのかなと思っています。

今お話ししていて、カウンセラー側だけではなく、相談者さんの現実世界とのつながりを強化することも必要なんだと思いました。トラウマを扱うときには特に、精神世界に深く潜りますから。過去にどっぷりつかってしまうのではなく、今この現実で、推しのアイドルはいるのか、お散歩など心が安らぐ瞬間はあるか、ちょっとした会話ができる相手はいるのか、そうした日常の話を行うことで現実にくさびをうつと言いますか、相談者さんの意識を精神世界に置き去りにせず、現在に戻すことをやっていかなければいけないんだと思います。

名越　そのお話にはとても共感します。我々は外部の数値的な客観的指標だけでは仕事を完遂することはできません。**身体とつながり、場合によっては自然とつながることによって、はじめてバランスの取れた思考ができるようになる**からです。

心理学はそれだけでは、二流の学問。
もしも一流にしたいのであれば、
もっといろいろな見聞を広め、
あるいは宗教や哲学までをも含め
幅広く学んでいくことが必要です。

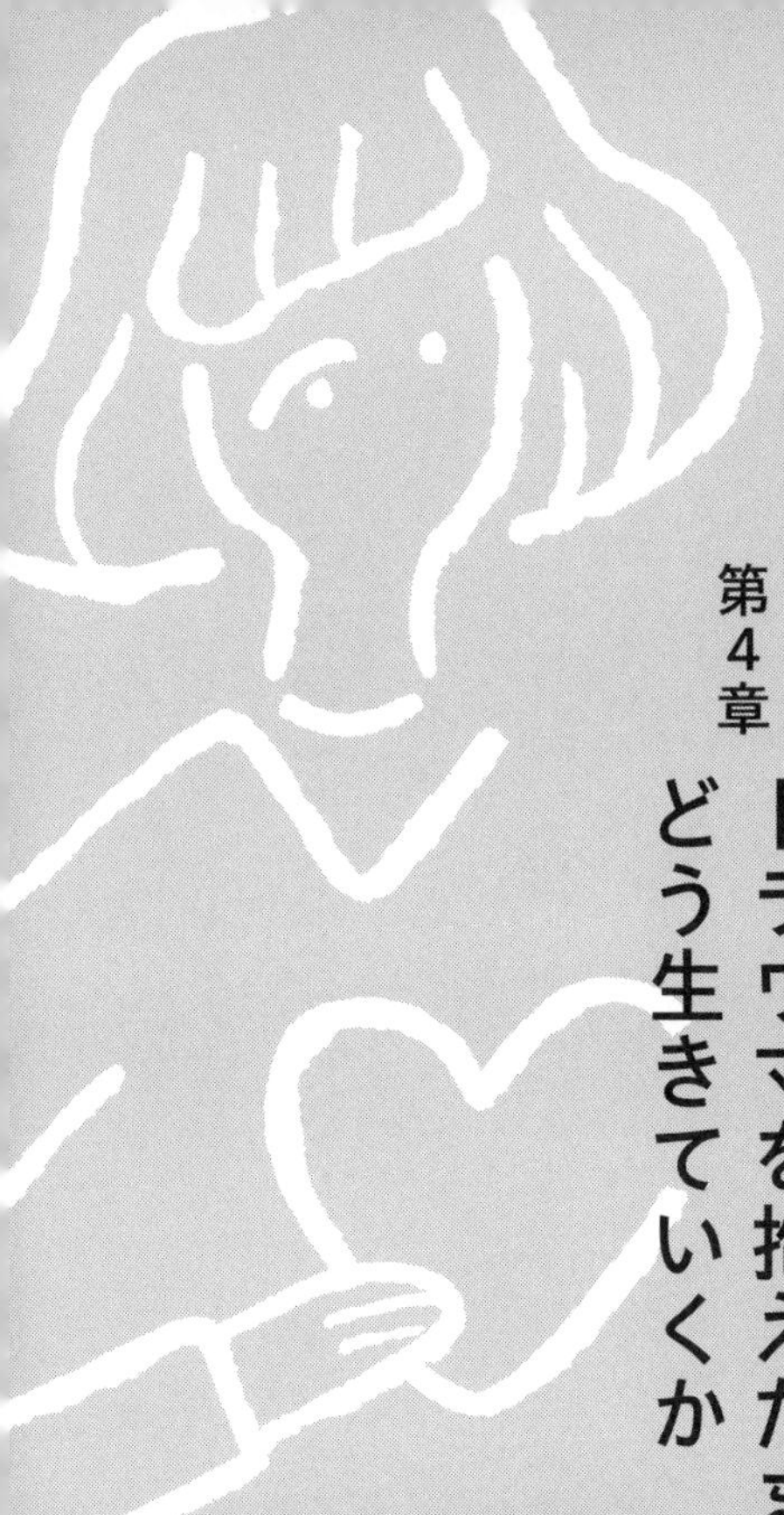

第4章 トラウマを抱えたまま どう生きていくか

トラウマ治療は必要な分だけ取り組もう

名越　第3章では、トラウマに対する最新理論や対処法をお聞きしましたが、武田先生は、ご自身の環境の変化によって、つらい時期を抜けてきたとおっしゃっていましたね。トラウマに真正面から取り組むだけではなく、トラウマを抱えたまま生きていく道を歩んでいる風に感じます。

武田　本当にトラウマとともに生きてきましたね。

トラウマが問題になるかどうかは、人生の時期や環境によって変わるのだと思います。パートナーなどまわりの支えがあったり、自分に合う仕事をすることで、トラウマがあっても問題にならないことがあります（左ページ上の絵）。一方で私のように、長時間労働や子育てなどの環境下で、子供時代のトラウマが表面化することもあります（下の絵）。

ですから、トラウマをどこまで治すのかは、そのときの必要性と相談者さんご本人の判断によると思います。子どもに怒鳴ってしまうなど、まわりへの被

トラウマが問題になるかどうかは
状況によって変わる（水位=心身の余裕）

〈心身の余裕：大〉

・自分に合う環境
・まわりからのサポートが十分にある
・ストレスが少ない時期
・身体が元気　など

トラウマなど過去の経験

〈心身の余裕：小〉

・自分に合わない環境
・まわりからのサポートが不足している
・ストレスが多い時期
・体調が悪い　など

害がある場合は治療が必要だと思います。ですが、トラウマは大きなものから小さなものまで無数にあり、全てのトラウマをなくそうとすると、どこまでも治療が続いてしまいます。大きな困りごとが解消して、今の生活がだいたい穏やかになったら、治療はそこまででいいと思います。

名越 人に迷惑をかけたり、対人関係に大きな支障をきたしたりすることが少なくなれば、それが的確ですね。ドライな言い方をすると、**対人関係上のデメリットが解消したかどうかは、トラウマ治療を止める妥当な基準**でしょう。これは当人が我慢せよ、ということでは全くありません。というのも、ある程度トラウマが原因のストレスが軽減しているからこそ、対人関係も改善するからです。社会的な実存としてまず機能できていて、自分もそれほどの苦しみがないというのであれば、ほどほどのところで終えていいと僕も思います。もちろん、治療を続けたい人は続けてもいい。トラウマを知ることは、自分を追究する行為だと思うので。

武田 自分はこういうことがしんどいんだなとか、こういう思い込みがあったんだなと気づいていて、枠が広がりますものね。

実は私、長いこと「トラウマのない人生って、どんな人生なんだろう?」と思っていたんです。ですが、トラウマ療法を学ぶうちに「トラウマのない人なんて、いないんだな」と思うようになりました。研修では、参加者がカウンセラー役と相談者役に分かれて練習しますが、誰と組んでもトラウマ的なエピソードが出てくるんです。職場での小さなトラブルも、深掘りすると過去のしんどい経験に結びついていたりする。トラウマを抱えて日常生活がつらい人から、滞《とどこお》りなく暮らしている人までいるので、つらさは決して同じではないんですが、それでも「トラウマのない人はいないんだ」と思ったんです。

名越　トラウマを完全に治療しなければならないという思いに縛られていると、いつの間にかそれに依存してしまうこともあります。そうであるなら、その少し頑なな気持ちから解放されるだけで、新しい発想が浮かんできたり、まわりの自然とか、今まで醜いと思っていたものを美しいと感じたり、様々な感性が広がっていくような気がします。さらには、なぜ自分は生きているのかという実感をつかむきっかけにもなると思います。

唐突に聞こえるかもしれませんが、密教の教えでも、自分自身を知っていくと、自分という枠がどんどん広がっていって、なぜ自分は生きているのかということが見えてきたり、実は生命はつながっているんだという実感が深まっていくと言います。だから密教では、自然と一体になる体験をしなさいと説いていますね。瞑想もそのひとつで、自身の内側を探っていくと、そこから世界とつながりだすというもっと大きな一体感を感じると言われています。普通、瞑想と言うと自分の内側に深まってゆくイメージだと思うのですが、実はそこにとどまらない。あらゆるものが内側に存在している、と密教は言う。僕はそれを明確に経験したことはないんですけど、真言密教の開祖である弘法大師空海《こうぼうだいしくうかい》がおっしゃっているんです。少し話がそれてしまいましたが。

武田　感覚面での可能性も広がっていくんですね。トラウマに向き合うことは、マイナスをゼロにする面だけではなく、ゼロからプラスに向かう、つまり自分の可能性を広げる面もあるのだと思います。でも、どのくらいプラスにしたいのかは個人の選択ですし、自分を知るためにトラウマに向き合う以外の方法だってあるでしょうから、そういう意味では、やはり自分の納得するところでトラウマ治療を止めていいんだと改めて思いました。

トラウマに向き合うことは
自分を知り、可能性を広げる
側面があります。

トラウマ治療を終えるタイミングの例

- まわりに被害が及ばなくなったとき
- 大きな困りごとが解決して生活が穏やかになったとき
- 我慢しすぎて体調を崩すなどの対人関係上のデメリットが解消したとき
- 専門家に相談しなくても、たいていのことは乗り越えていけると思えたとき

など

他者とつながる経験が心を支える

武田　可能性や見聞を広げるという点では、他者との関わりも大きいですよね。私は会社を辞めたあと、福岡の田舎でブログを書いていたんですが、東京の読者さんが「自然があっていいいな」とコメントしてくれるので、女性限定で誰でも家に来ていいですよ、と一時期家を開放していたんです。県内の方が遊びに来たり、東京から読者の方が来て泊まったりしていました。

名越　じゃあ、けっこう人気ブログになっていたんですね。

武田　当時、数千人の読者さんがいたと思います。ある日、初対面の読者さんが遊びに来てくれたのですが、途中でお腹が痛くなったと言うので、お腹をあたためる小豆《あずき》のカイロを渡したんです。すると「何でこんなに優しくしてくれるんですか?」と言われて。私にとってはごく普通のことだったんですが、その人にとってはすごく優しい行為に思えたんですね。そのとき、人によって当たり前がちがうんだなと感じました。

カウンセリングをしていると、厳しい家庭で育った相談者さんが、「人って優しいんですね」とおっしゃることがあります。その家では優しさが当たり前ではなかったけれど、外の世界に出てみたら「人は親切だし、優しいんだ」と気づいたそうです。育った家の〝当たり前〟からいかに脱却するか、これはかなり重要なことだと思いました。

名越　人はみんな異なる家庭環境で育ちますが、それを知っていても人の家庭の話を聞くときは、自分なりの枠組みのなかで解釈するのだと思います。自分の常識に引き込んで解釈するから、本当のところでは異なっていてもわからない。**何百何千という言葉が降り注ごうが、自分のなかの常識は無敵なんです。**わかった気にはなるけれど実は大きな壁がある。そして20年、30年経ってわかったりすることのほうが普通です。ところが、それが何かのタイミングで、自分の考えの外側から入ってくる誰かの言葉が、スッと自分のなかに入ってくることがある。その言葉は、自分が使っていた言葉とはちがう異彩を放つことになります。

武田　「考えの外側からの言葉」という点で、私もひとつ体験したことがあります。精神科医の先生に、精神分析をベースにしたカウンセリングを受けていたときのことなんですが、診察室を出たら、先生の言葉をもう全然覚えてないんですよ。診察室にいる間は会話できているんですが、外に出て一人になると詳しい内容が思い出せない。頭のなかで先生を再現できないというか、先生の言葉遣いも全然わからないんです。なぜかと考えると、「自分で立ちなさい」と教えるようなやり方だったからです。つまり、患者である私に寄り添う言葉を使わず、ずっと他者でいてくれたというか。

名越 それはある意味で治療の禁欲原則かもしれませんね。精神分析では自由連想法といって、患者は心に思ったことをどんなことでもいいので、そのまま精神科医に伝えてもらいます。心のなかに浮かんでくる言葉を語るうちに、そのなかには満たすことのできない願望や欲望などが出てきて、次第に治療者がその対象、たとえば父親や母親と同一視されてきたりする。その状態を乗り越えるために一定の距離にとどまる、ということなのかと思うのですが。

だから、伝統的な精神分析では、その規則に沿って患者さんにカウチに横になってもらい、精神科医は頭のほうに座って自分の姿を見せないようにしたと言いますよね。

武田　そうだったんですね。自分の考えの外側にいる人と出会ったことが、当時の私には得がたい経験でした。自分の殻に閉じこもって、誰の言葉も届かないなかで、その先生の言葉は響いてきたんです。私の世界に合わせた言葉ではないから再現できないけれど、先生は本気で私に向き合っているんだということを受け取ったんです。

対談の最初のほうで、名越先生が「武田先生も苦労しはったんやな！」と言ってくださったことも印象に残っています。「他者だ」と思ったんですよね。寄り添うわけではない、それなのに、先生の一言で「わかってもらえた」とはっきり感じたんです。先生の、他者としての立ち位置にまず驚いて、**他者としての遠い距離から、それでも理解されることがある**んだと気づかされました。私は相談者さんを理解するために心理的な距離を近づけて、寄り添う形でカウンセリングを行うので。

名越　それは「共感」ですね。

武田　カウンセリングは共感したうえで行うものと思っていました。でも、名越先生とお話していると、そこまで寄り添わなくても、野球のピッチャーとキャッチャーぐらいの距離感でも理解され得ることが、ものすごい衝撃でした。

名越　人によってそれは受け取り方がちがうし、どう僕を感じられるかっていうのはそれぞれだと思うんですけど、別にええかっこしいで言っているわけじゃなくて相手の人生を考えると、相手も必死に生きてきたわけじゃないですか。少なくとも僕が必死に生きてきたのと同じように。たった数十分話しただけでは、おいそれと相手のことはわからない。けれど、交差点でピタッと出くわすように理解できる瞬間もあります。武田先生の言う距離感というのはある種「おそれ」だと思います。それは怖がるという意味の恐れではなく、相手に畏敬の念をもつ、畏《おそ》れ敬うという意味です。恐れと畏れは表裏一体です。話を聞いているときに武田先生を怖がっているわけではないですが、たとえば先生の今までの人生を川だとすると、膝まで入ってしまった時点で僕もバーンと流されそうなくらいの大きなエネルギーだから、まさにマウンドくらいの距離感をもって話を聞くわけです。「ああ、すごい流れですね」と、そんな感じだと思うんです。距離感で言うと、『スタンド・バイ・ミー』という映画で僕が一番印象に残っている好きなシーンがあるんです。主人公のゴーディーが明け方みんなより早く起きて、線路に座って一人で雑誌を読んでいるときに、野生の鹿がふっと現れるんですよ。それはもう名シーンです。鹿もゴーディーを見てびっくりして固まってしまって、10秒くらい見合ったあと、鹿が去っていくんですよ。

僕も人の話を聞いていると、そういう感じになるときがあるんですよね。鹿は一見細くて、武器ももってないけど、鬱蒼とした山のなかを生きてきたわけじゃないですか。「鹿が出てきた！」みたいな、そういう感覚で聞いているんですよ。ちょっとそれに近いかな。

心のつながりを感じる共同体感覚

武田　私はカウンセリング中に相談者さんと心がつながったと感じることがあります。相談者さんが落ち着いてご自分の意見をおっしゃる、それに対して私は少しちがう意見を言って、ちがう意見なんだけれども二人で目を合わせて

「そうなんだね」とうなずいている、そういうときです。私はこうした心のつながりがアドラー心理学でいう「共同体感覚」なのかなと思っています。

私の場合は共同体感覚の対象が「繊細さん」なんですよね。私は繊細さんたちに心を育ててもらったと思っているんです。子どもの頃から親と心でつながれなくて、大人になってから繊細さんたちに出会い、その思いやりや、心のこまやかさに育ててもらいました。そのつながりがあるから、私はそこに属している感覚があるんですよ。

名越　やっぱり僕は武田先生の話を聞いていて、こういう人がカウンセラーなんだなって思います。僕はどうもカウンセラーとしては不釣り合いな人間だな、という自覚があるんですけど、僕にとって共同体感覚をとらえ直してみるなら、誤魔化しているわけではなくて、そのときそのときで対象が変わる感じなんです。

僕が学んだ範囲で言うと、アドラーが言う共同体は、自分が所属している会社や学校など現実の限定されたものだけを指すのではなく、国家や人類、そして過去や未来のまだこの世に存在していない集団に対してもってもいいし、場合によっては動植物や無生物も含まれると思うんです。

そういう意味では、今は30年後の日本の人々に勝手に共同体感覚をもちます。と言うのは、これだけ少子化が問題になってきたり、土地を他国にどんどん買われて、水道の利権とかも手放しつつあったりすると、それらの情報がどこまで本当かさえわからないのですが、もうこの国が消えてしまうんじゃないかと怖くなったりして、またふと我に返ったりしています。一度先生にカウンセリングしてほしいくらいです（笑）。

テレビのコメンテーターという分野はもうちょっと近い時間軸で考えると思います。テレビ的には、そのほうが正しいと思うんです。僕は少し変わっていて30年後とかを心配したりして、きょとんとされたりする。

武田　確かに少子化の現状を考えると不安ですね。

名越　少子化というものは、取り返しがつかないわけじゃないですか。取り返しがつかないことが続いていくという現状が、僕みたいに経済学とか勉強していない者にとってはちょっと不安になってくるんです。そういう意味では、もしかしたら現実の人とつながっているという感覚が閉ざされているんでしょうね。そのことを不幸だとは全然思わないですが。

武田　何に共同体感覚を抱くかは、生まれもった資質が関係しているんじゃないでしょうか。今現在の人に共同体感覚がないのは、閉ざしているわけではなくて。

名越　確かにその人のもっている資質と、共同体感覚は人によってちがっていてもいいのかもしれません。Amazonの創業者ジェフ・ベゾス氏はプリンストン大学で、物理学者を目指していたそうです。あるとき、量子力学の研究をしていて友達と難しい方程式を解いていたんですけど、全然わからなくなった。そこでクラスメイトにできるやつがいて、下宿に訪ねていってちょっと考えてみてくれって言ったら、その人がほんの数分で解いてしまったんだそうです。俺たちが何時間もかけてわからなかったことを、何で数分でわかったんだと聞いたら、「前に一度悩んでいた問題がこれに近くて、そこから類推したらその答えになった」と言うんですって。その瞬間にジェフ・ベゾス氏は物理学者になる夢を諦めたそうですが、実業家としては成功しました。

それから以前、ビートたけしさんに本当は何になりたかったんですかと尋ねたことがあります。すると、「先生、実はお笑いは3番目にやりたかったことなんだ」と言いだされて。1番目は数学者で2番目が同格ぐらいで深海の海洋生物学者。お笑いは3番目くらいだったと。僕の師匠である民俗学の先生の「天才は自分の得意分野で絶対勝負しない人」という言葉があるんですと言ったら、たけしさんが照れたように微笑まれて「それはうれしいな」と言われました。今でも覚えています。

つまり、共同体感覚というものが、現実の世界だけではなくて、その人の属している概念の世界だとすると、**それぞれの世界が実は異なっていて、それぞれに応じた能力がある**。目の前の暮らしに直接役に立つことはないけど、それぞれの人間の役割は、僕らが思っているよりもっと広いことや深いことがあるんじゃないのかと思います。だから、本当にすごいことをやっている人は、他人から理解されなくて孤独なのかもしれません。

武田　トラウマを抱えている人が孤独なのも、実はすごいことをやっているからかもしれませんね。

名越　孤独で思い浮かんだのですが、茶室も一種の孤独な世界だと思います。茶道で使われる茶室は狭いところだと二畳ほど。広島の神石《じんせき》高原というところに空中に浮かぶ茶室があります。神石高原は隕石がいっぱい落ちた場所で、その一番奥の崖に建っているので、空中に浮かんでいるように見えるわけです。大名だった茶人が建てた別邸だそうです。そのなかに入って1時間くらい目を瞑って小さな薄暗がりで座っていたら、何となく空中に浮いているような感覚になってくる。外側に広大な世界が広がっていて、無限につながっているように感じられました。孤独になると、無限や永遠を感じやすくなるんだと思います。一人でわずか二畳の茶室にいながら、もっと大きな世界とつながるという感覚をもちました。

武田　さみしくはなりませんか？

名越　ちょっとさみしいくらいが良いのかもしれません。そもそも人間はさみしがりな生き物なんですよ。ホッキョクグマやヒグマ、トラなんかは一匹で暮らすでしょ。強いからね。人間は集団でないと生きていけない。僕らがさみしがり屋なのは当たり前で、弱い生き物だからだと思うんです。

だから、集団化して生きていくしかない。これは恥じることではなくて、僕たちはそう生まれてしまった。なのに、一人になる瞬間が出てくる。それは不思議なことですが、弱い人間が一人になって瞑想の状態に入って、宇宙と一体化する。これは幻想という向きもあるかもしれないけど、実はしっかりした体系があったりする。さらには広い心の領域と一瞬でも自己が同調することができれば、今まで許せなかった人を、もしかしたら許せるかもしれない。人間は弱いからこそ、そういう瞬間が必要じゃないかなと思うんです。

武田　完全に一人という感じではないんですね。お話を聞いていて、さみしいと思っている間は、むしろつながっているんじゃないかと思いました。

名越　人間は一人では弱い。だから宗教があるのだと思います。少し専門的な話になりますが、その対処法として、古代インドの初期仏教は自力による個人の救済を説きました。たとえば、一人で瞑想をすることで悟りを開こうとしました。その代表的なものにヴィパッサナー瞑想があります。

これは完全に僕の私見なのだけれど、これなどはとても純粋でパワーのある瞑想です。ある意味ずっと自分と向き合い続けるわけですから。けれど、これを日々完遂するには、人生に絶望したことがあったり、心に深く期するものがないと、なかなか継続できない気がするんです。僕自身は毎日4～5時間、約

2ヶ月くらいチャレンジしたことがありますが、ちょっと苦しくなって続けられませんでした。

一方で、日本に伝わった仏教は「大乗仏教」といって、出家者だけではなくて全ての衆生を救うという考え方が基本にあります。瞑想も先ほどの方法とはちがい仏様と自分が一体になるために行うんです。八十八ヶ所の霊場を訪ねて四国を巡拝する「お遍路」には「同行二人《どうぎょうににん》」という考え方があります。お遍路は、平安時代に真言宗という宗派を開いた弘法大師空海ゆかりのお寺を巡るのですが、その弘法大師空海が一緒に巡ってくれると考えられていて、そのことを「同行二人」と言います。一人ではないということが基本になっています。

武田　私は20代後半まで、小さな女の子が一人で泣きながら瓦礫のなかを歩いているような、戦災孤児のような孤独の感覚で生きてきたんですが、それでも振り返ってみると一人ではなかったんだろうと思います。心象風景に瓦礫があるということは、そこは人がいたということですよね。姿は見えないけど誰かがいたはずだ、今もどこかにいるはずだ、と何かしらの存在を感じていたのかもしれません。

名越　武田先生がつらかったときも一人ではないんですね。その何かしらの存在は、さっき話した共同体感覚で、外部に生まれるから。

武田　外部にいる何者かを、ずっと頼りにしてきたんですね。

名越　神様や仏様はこちら側の世界には常識的な形ではなかなか降り立たない。でも、外部に何者かがいると感じ取ることは安心感につながりますよね。瞑想を教えてくださった和尚様に「仏教の場合、そこに仏様がおられると思ってやればいいんですか？」と尋ねたんです。すると和尚様が「仏様はおられるからなぁ」と当たり前のようにおっしゃったんです（笑）。

つまり、和尚様は人でありながら少なくとも仏様をなんらかの形で目の当たりにしておられる。心底驚きましたが、同時になんという安心のある世界だろうとも直感しました。仏様は向こうの世界に実在を置いたまま、こちらにいてくれる存在なのかと、あくまで想像の世界ですが、そう思ったりしました。『星の王子さま』で言うと、命を分かち合うとか、つながっているという感覚を頼りに歩いていくということは、その人が意識していようがしてなかろうが、あるような気がするんです。それが切れてしまったら危険です。

武田　トラウマは、孤独で圧倒されるような体験によって起こりますが、もしかしたら、そういう外部とのつながりが一時的に切れている瞬間なのかもしれませんね。

名越　自分を守ってくれる親や保護してくれる何かから害されたり、無視されたりするのは、子どもにとっては恐怖ですよね。瓦礫のなかを歩いている感覚のときは、誰かの気配を感じるわけですよね。

武田　圧倒された状態から這い出て、大いなるものがあるはずだと、その気配を支えに瓦礫のなかを歩くイメージです。幼い子どもにとっては親が世界そのものですが、世界とつながれなくても、その外側に大いなるものの存在を感じていたんじゃないかと思います。

名越　共同体感覚にせよ、神様や仏様のような大いなるものにせよ、**外部とのつながりをもつことで、トラウマを抱えて孤独に生きていくことから抜け出す可能性がある**というわけですね。

外部とのつながりを
もつことで
トラウマから抜け出す
可能性があります。

「相性」という視点を取り入れる

名越　外部との問題と考えたときに、マッチングの問題と考えることもできます。僕の師匠で精神科医の頼藤和寛先生という、大阪でとても有名だった先生いわく、生まれつきの性別や兄弟の生まれてくる順番、経済的理由など、いかんともしがたい数々の理由がありますが、実際に出会った子どもたちを通じて感じたのは、結局は**相性、マッチングに様々な問題の原因がある**と。

たとえば、難しい性格の子どもでも、親との相性が良ければある程度乗り越えられることもありますし、家庭環境が整っていても相性が悪かったら理解しあえないこともある。相性の良し悪しを許容したうえで、相対することが大事だということです。相性の問題だということがわかっていたら、ある程度人間関係の悩みは緩和されるかもしれません。

そもそも相性というものを、日本人はこれまで意識してこなかったように思います。たとえば団塊の世代（1947〜1949年生まれ）が成人期を迎えたとき、一丸となって頑張ろうというような雰囲気で、「赤信号みんなで渡れば怖くない」という言葉が流行語にもなりました。義務教育も均質的な生徒を育てて、そこからはみ出ないような教育がされますよね。今でもそうした価値観が生きていて、個人の相性という意識は、現代日本人にとっては盲点かもしれません。しかし、そこを補足しないとみんな生きづらくなりますよね。

職場や学校で自分の能力が低いと思って悩んでいる人は多いと思います。しかし、それは個々の能力が原因ではなくて、「相性が良くない」という面もあるのかもしれません。

反対に上司や同僚との相性が良ければ、それまで以上の能力を発揮するかもしれない。そういう柔らかい視点は真実ですし、必要だという風に思います。

武田　私は育った家庭のなかで、なぜこんなにも傷ついてきたのかを知りたかったんです。自分の繊細さが要因のひとつなんだろうか、本当にそうなんだろうかとずっと疑問でした。でも、相性という要因も大きいのかもしれません。

名越　もちろん、武田先生も苦労しているのですよ。そのうえで、学校でも家族でも集団で育つわけです。そのなかで人間には相性の問題があるわけです。

武田　ああ、腑に落ちました。というのも私は3人姉弟《きょうだい》の真ん中で、姉弟でも繊細なほうが苦労するのかなと思ったのですが、単純にそうとも言えなかったんです。もちろん個人の性格や経験もあるのでしょうけど、同じ姉弟でも精神的な安定度がちがうのは、親との相性もあったんだろうと思いました。
　自分の繊細さと向き合うこともちろん大事ですが、相性に話が行き着くと、つきものが落ちるように感じます。所属する集団と価値観が合わないことが原因だと考えれば、これまでとはちがう見方ができますね。

名越　僕も中学、高校とそれなりに良い学校で、好きな先生がいっぱいいましたが、校風だけは合わないと感じて過ごしていました。それも今思えば相性の問題だったんだと思います。安直にそういう結論にもっていってはいけないけど、相性という要素は重要な気がします。

武田　相性と言われると、ちょっとほっとしますね。自分に問題があるわけでもないし、他の誰かが悪いというわけでもないので。

名越　善悪ではなく相性。いいじゃないですか。

武田　ＨＳＰの概念が世に広まって良かったことのひとつは、相性のように、善悪ではなく「相性」

まさに「誰かが悪いわけではない」という受け止め方ができる点です。相談者さんもＨＳＰを知るまでは、うまくいかない理由を「私の努力が足りないんだ」「私が弱いんだ」など自分のせいだと思っていることがありますが、ＨＳＰを知ることで「なんだ、そうだったのか」と思えて、自分を否定しなくてもよくなるんです。

仕事でも、自分の気質や価値観がその職場と合わないんだという〝相性の問題〟だとわかれば、今の職場で消耗し続けるのではなく、自分に合う職場を探そうと、より幸せなほうへ進みやすくなるんです。

トラウマを抱えたままどう生きるか

武田　名越先生の本に「カウンセリングというのはゲリラ戦だ。全面戦争にしちゃいけないよ」という一節があり、すごく刺さりました（『仕事で折れない心のつくり方』（アルファポリス））。トラウマだけに着目するのは相談者さんの負担になりますし、過去にとらわれてしまいます。

名越　その言葉（「カウンセリングというのはゲリラ戦だ」）は、僕がアドラー心理学を学んだ故・野田俊作先生がおっしゃっていた言葉です。**全体を標的にしてしまわないで、人生のある局面を修正してみる。そうすると意外に他の時間にまでその良い効果が波及することがある**、という意味かと思います。

武田　専門的なトラウマ治療を受けられなくても、トラウマはある程度までは緩和されると思います。これからの仕事をどうするか、今の人間関係をどうするか、といった現実に焦点を当てて「やってみたら大丈夫だった」という経験を重ねるうちに、トラウマの影響がやわらいで、少しずつ回復していくからです。しんどいときこそ、ちょっとした楽しみを取り入れてほしいですね。197ページの上の絵のように、水位を上げることで自分という船が進みやすくなるからです。自分に合う環境に移ったり、心の内を話せる人を一人見つけることでも、ずいぶん生きやすくなります。

名越　仕事であれ趣味であれ、たったひとつの小さなことに対して全力でエネルギーを注力できる態勢が整ってくると、今日1日が一生のように生き生きとしてくる。そうしてさらに時間を重ねていくと、その人の人生全体が前向きで、ポジティブな方向に変化していくと思います。

武田　今回は大変勉強になりました。ありがとうございました。

おわりに

ＨＳＰについて関心を持ったのは、私が開業してしばらく経った頃、あるクライアントから一冊の書籍をいただいたことがはじまりだった。その書籍は他でもないＨＳＰについての翻訳本だったのだが、読み進めるに従ってこの概念に当てはまる人は日本社会にとても多いと感じ、何より自分自身もその傾向が潜在的にある気がしたのだった。

それから程なく、私は「過剰適応」という考えに行き着いた。過剰適応とは、ほぼ条件反射のようにその場の雰囲気に順応しようとし、他人に合わせることが掟のようになってしまっている人、またはその行動傾向のことを言う。最近は、この過剰適応とＨＳＰとが、個人のなかに共存していることも多いと考えるようになった。

ＨＳＰを説明するとき、「感受性」はひとつのキーワードではないだろうか。すなわち、ＨＳＰは感受性が過敏、あるいは感受性が豊か、ということになる。

「感受性」は使いやすく重宝すべき言葉なのだが、では感受性とは一体なんなのかと改めて考えてみると、なかなか難しい。かえって感受性の意味するものは濃霧の奥に隠れてしまう。それは感受性が意味するものが、ただ単に過敏／鈍感というような単純な図式にとどまらないことを示唆しているのだろう。すなわち感受性の対象は、人間関係だけでなく、広く我々を取り巻く社会の事象、さらには動物や植物、自然の営みにまでも及ぶ働きであると思われるのだ。

おそらく我々が現在の知識で理解できる範囲を、遥かに超える働きが感受性にはある。そしてそのひとつの重要な入り口、あるいは切り口としてＨＳＰという概念が、今世紀になって生まれ出たような気が私はしている。

武田友紀先生にはじめてお会いしたときの印象は今もはっきりと記憶に刻まれている。率直に述べれば、何か光度が高いというか、武田先生自身が独特の爽やかな雰囲気を発しておられる印象があった。それで、対談の前半では特に武田先生の経歴、どのような経緯を経てカウンセラーになられたのかをお聞きしたいと思った。というのも私がまだ大学の精神科医局の研究生だった頃、ある先輩が、「精神科医になる資質とは何か、と学生に聞かれたら、よほどの因縁がなければならないほうが良いと答えるようにしている」とおっしゃっていたことが脳裏にあったからだ。カウンセラーもよほどの必然がないと成立しない職業である気がする。本書のなかにその意図が反映されていればとても嬉しく思う。

精神科医・評論家　名越康文

トラウマがあると思ったらどこへ行けばいい？（武田）

しんどいときには一人で抱えずに、トラウマを扱える専門家（精神科医や有資格の心理カウンセラーなど）に相談してください。

精神科医や心理カウンセラーであっても、トラウマ治療についての知識や経験が乏しい場合がありますので注意が必要です。プロフィールやホームページを見て、単回生のトラウマだけではなく、複雑性トラウマや発達性トラウマ（複雑性トラウマのうち、5歳くらいまでの発達期に繰り返しトラウマを受けたもの）の知識があるか、トラウマに関するトレーニングを受けているかを確認してください。

トラウマの治療方法は、大きくトップダウン方式とボトムアップ方式に分かれます。従来の対話式のカウンセリングや認知行動療法のような、認知（頭）に働きかける方式がトップダウン、身体に働きかける方式がボトムアップです。どちらが良い・悪いというものではなく、認知からの働きかけも、身体からの働きかけも両方必要です。

また、方法だけではなく、カウンセラーとの相性も大切です。自分に合う（安心できる、信用できる、あるいは何度か通ってみて「良くなっている気がする」と思える）専門家を探してくださいね。

以下に、主なボトムアップの手法と各協会のリストを掲載します。

協会や学会があるものについては、ホームページにセラピストのリストが掲載されていることが多いです。

■ソマティック・エクスペリエンシング®（ＳＥ™）
身体の動きを用いて、トラウマにより未消化になっている感情やエネルギーを解放する心理療法です。動物が生命の危機におちいり、脅威が去ったあと（鹿がライオンに襲われ、その後ライオンが立ち去ったなど）に身体を震わせることによって凍りつき状態を脱し、再び元気に走っていく姿に着想を得て開発されています。
・SE JAPAN　https://www.sejapan.website/

■ＩＦＳ（内的家族システム療法）

一人の人間のなかに複数のパーツ（人格）がいると見立てて、パーツの話を聞いていきます。セルフと呼ばれる慈しみや好奇心をもった存在（親人格）がパーツに思いやりを向けることで、パーツが抱えているトラウマを癒やし、防衛反応を解除していきます。

トラウマによって脳の機能が変化し、構造的解離が起こるという神経生物学モデルをベースにしています。ボトムアップとトップダウン両方の要素があります。

・日本ＩＦＳネットワーク　https://ifs-japan.net/

※２０２３年５月現在、日本ではまだ公式トレーニングが開始されておらず、概要を学ぶセミナーのみ実施されています。

■ＳＰ（センサリーモーター・サイコセラピー）

身体感覚に意識を向け、探索することで、トラウマによって断片化した感覚や思考等を統合し、トラウマを癒やしていく方法です。ＳＥが動物の行動をもとに開発され、身体エネルギーの解放を主とするのに対し、ＳＰはトラウマによって形成された信念（「自分はダメだ」など）の変容にも重きを置いています。

・日本センサリー モーターサイコセラピー協会　https://www.spjapan.org/

■ＴＳプロトコール

複雑性ＰＴＳＤや発達障害に詳しい精神科医の杉山登志郎氏が開発した、トラウマ記憶を想起せずに処理する方法です。精神科などの外来診療で、短時間でもトラウマ治療が可能になることを目指して開発されています。

漢方やごく少量の薬と左右交互刺激（パルサーを握ったり、パタパタと身体をタップしたりする）がセットになっており、必要に応じてＴＳ自我状態療法を行います。詳しくは書籍『発達性トラウマ障害と複雑性ＰＴＳＤの治療』『テキストブック　ＴＳプロトコール』（いずれも杉山登志郎著）をご覧ください。

■ＥＭＤＲ

眼球運動等の左右刺激によって脳の情報処理のプロセスを活性化し、トラウマ記憶を処理していきます。

・日本ＥＭＤＲ学会　https://www.emdr.jp/

〈一人でできるセルフケア〉

基本的には専門家に相談するほうが近道ですが、セルフケアをしたいときには次の方法があります。

■書籍『安心のタネの育て方』浅井咲子著

過覚醒（戦う・逃げるモード）や低覚醒（凍りつきモード）を脱出し、身体から安心感を育てる方法が数多く掲載されています。「お腹を手の平で温める」「歌をうたう」など、ひとつひとつのワークが簡単なので取り組みやすいです。武田も相談者さんにこの本をよく紹介しています。

■思考場療法の「つぼトントン」

つぼをタッピング（トントンと軽く叩く）することで怒りや不安を和らげる方法です。やりかたは日本TFT協会のホームページをご覧ください。

・日本TFT協会　https://www.jatft.org/

■ボディコネクトセラピーの音楽

トラウマ体験によって、右脳が興奮しやすくなるなど脳に変化が起こり、いやな記憶が処理されにくくなります。ボディコネクトセラピーでは、音の左右差によって右脳と左脳のバランスを整え、トラウマ記憶の処理を進める手法が開発されています。次の書籍に音楽が付属しています。

『心の傷を消す音楽ＣＤブック』藤本昌樹著
『毒親の呪いを解く音楽ＣＤブック』藤本昌樹著

参考文献

『敏感すぎる私の活かし方 高感度から才能を引き出す発想術』エレイン・N・アーロン著、片桐恵理子翻訳、パンローリング株式会社
『ポリヴェーガル理論入門：心身に変革をおこす「安全」と「絆」』ステファン・W・ポージェス著、花丘ちぐさ翻訳、春秋社
『発達性トラウマ：その癒やしのプロセス』アリーン・ラピエール、ローレンス・ヘラー著、星和書店
『トラウマによる解離からの回復：断片化された「私たち」を探す』ジェニーナ・フィッシャー著、国書刊行会
『内的家族システム療法スキルトレーニングマニュアル─不安、抑うつ、PTSD、薬物乱用へのトラウマ・インフォームド・ケア』F．G．アンダーソン、M．スウィージー他著、岩崎学術出版社
『身体はトラウマを記録する 脳・心・体のつながりと回復のための手法』ベッセル・ヴァン・デア・コーク著、柴田裕之訳、紀伊國屋書店
『トラウマと記憶：脳・身体に刻まれた過去からの回復』P・A・ラヴィーン、B・A・ヴァン・デア・コーク他著、花丘ちぐさ訳、春秋社
『トラウマと身体：センサリーモーター・サイコセラピー（SP）の理論と実践』クレア・ペイン、ケクニ・ミントン、パット・オグデン著、太田茂行訳、星和書店
『レジリエンスを育む：ポリヴェーガル理論による発達性トラウマの治癒』キャシー・L・ケイン、ステファン・J・テレール著、花丘ちぐさ・浅井咲子訳、岩崎学術出版社
『発達性トラウマ障害と複雑性PTSDの治療』杉山登志郎著、誠信書房
『テキストブックTSプロトコール』杉山登志郎著、日本評論社
『セラピーのためのポリヴェーガル理論』デブ・デイナ著、花丘ちぐさ訳、春秋社
『「普通がいい」という病』泉谷閑示著、講談社

『ちゃんと泣ける子に育てよう　親には子どもの感情を育てる義務がある』大河原美以著、河出書房新社
『子育てに苦しむ母との心理臨床』大河原美以著、日本評論社
『「今ここ」神経系エクササイズ』浅井咲子、梨の木舎
『ひといちばい敏感な子』エレイン・N・アーロン著、明橋大二訳、1万年堂出版
『HSCの子育てハッピーアドバイス　HSC＝ひといちばい敏感な子』明橋大二著、太田知子（イラスト）、1万年堂出版
『繊細な心の科学―HSP入門』串崎真志著、風間書房
『職業としての小説家』村上春樹著、新潮社
『みみずくは黄昏に飛びたつ：川上未映子 訊く／村上春樹 語る』村上春樹・川上未映子著、新潮社
『星の王子さま』サン＝テグジュペリ著、河野万里子訳、新潮社
『「鬼滅の刃」が教えてくれた傷ついたまま生きるためのヒント』名越康文著、宝島社
『仕事で折れない心のつくり方』名越康文著、アルファポリス
『まわりにあわせすぎる人たち』名越康文・ロブ@大月著、アイビーシーパブリッシング
『「気がつきすぎて疲れる」が驚くほどなくなる「繊細さん」の本』武田友紀著、飛鳥新社
『繊細さんが「自分のまま」で生きる本』武田友紀著、清流出版

〈HSP・環境感受性について〉

1. Sensory-processing sensitivity and its relation to introversion and emotionality
Elaine N. Aron and Arthur Aron, Journal of Personality and Social Psychology, 1997, Vol. 73, No. 2, P345-368

2. Individual Differences in Environmental Sensitivity
Michael Pluess, Child Development Perspectives, Volume9, Issue3, April 2015, P138-143

3．Sensory Processing Sensitivity in the context of Environmental Sensitivity : A critical review and development of research agenda
Corina U. Greven, Francesca Lionetti, Elaine N. Aron他, Neuroscience and Biobehavioral Reviews Vol. 98, 2019, P287-305

4．A Genome-Wide Test of the Differential Susceptibility Hypothesis Reveals a GeneticPredictor of Differential Response to Psychological Treatments for Child AnxietyDisorders
Robert Keers, Jonathan R.I. Coleman, Kathryn J. Lester他
Psychother Psychosom (2016) 85 (3) : 146–158.

5．Dandelions, tulips and orchids: evidence for the existence of low-sensitive, medium-sensitive and high-sensitive individuals
Francesca Lionetti, Arthur Aron, Elaine N. Aron他, Translational Psychiatry volume 8, Article number: 24, 2018

6．Individual Differences in the Biological Aspects of Temperament
Susan D. Calkins and Nathan A. Fox, Temperament: Individual differences at the interface of biology and behavior (P199–217) , 1994

7．Infant Predictors of Inhibited and Uninhibited Profiles
Jerome Kagan and Nancy Snidman, Psychological Science, Volume 2, Issue 1 (1991)

〈環境感受性の高中低により、いじめ防止プログラムの効果にちがいがみられた〉

8. The Personality Trait of Environmental Sensitivity Predicts Children's Positive Response to School-Based Antibullying Intervention
Annalaura Nocentini, Ersilia Menesini, Michael Pluess, Clinical Psychological Science 2018, Vol. 6 (6) P848–859

〈HSCの双子の研究〉

9. Genetic architecture of environmental sensitivity reflects multiple heritable components: A twin study with adolescents
Elham Assary, Helena M. S. Zavos, Eva Krapohl, Robert Keers, Michael Pluess, Molecular Psychiatry volume 26, P4896–4904, 2021

〈心理的苦痛に対する幼少期の影響〉

10. Adult shyness: the interaction of temperamental sensitivity and an adverse childhood environment
Elaine N. Aron, Arthur Aron Kristin M. Davies, Personality and Social Psychology Bulletin, Volume: 31 issue: 2, P181-197, 2005

11. Childhood quality influences genetic sensitivity to environmental influences across adulthood: A life-course Gene Environment interaction study
Robert Keers, Michael Pluess, Development and Psychopathology 29, P1921–1933, 2017

〈ＨＳＰと他の疾患の脳機能のちがい〉

12. The functional highly sensitive brain: a review of the brain circuits underlying sensory processing sensitivity and seemingly related disorders Bianca Acevedo, Elaine Aron他, Philosophical Transactions of the Royal Society B
19 April 2018 ; Volume 393, Issue 1744

〈ストレス応答性の発達モデル〉

13. The adaptive calibration model of stress responsivity
Marco Del Giudice, Bruce J. Ellis, Elizabeth A. Shirtcliff, Neurosci Biobehav Rev. 2011 June ; 35 (7) : 1562–1592.

〈著者PROFILE〉

名越康文（なこし・やすふみ）

近畿大学医学部卒業後、大阪府立中宮病院（現：大阪精神医療センター）にて、精神科緊急救急病棟の設立、責任者を経て、1999年に同病院を退職。引き続き臨床に携わる一方で、テレビ・ラジオでコメンテーター、映画評論、漫画分析など様々な分野で活躍中。著書に『「鬼滅の刃」が教えてくれた 傷ついたまま生きるためのヒント』（宝島社）、『SOLOTIME～ひとりぼっちこそが最強の生存戦略である』（夜間飛行）『【新版】自分を支える心の技法』（小学館新書）『驚く力』（夜間飛行）ほか多数。「THE BIRDIC BAND」のヴォーカル・作詞／作曲者として音楽活動をするほか、完全会員制動画チャンネル「名越康文TVシークレットトーク」も運営中。

武田友紀（たけだ・ゆき）

HSP専門カウンセラー、公認心理師。自身もHSPである。九州大学工学部機械航空工学科卒。大手メーカーで研究開発に従事後、カウンセラーとして独立。HSPが感性を活かし、のびのびと生きることを大切にしたカウンセリングとHSP向け適職診断が評判を呼び、日本全国から相談者が訪れる。著書に60万部を突破したベストセラー『「繊細さん」の本』（飛鳥新社）、『「繊細さん」の幸せリスト』（ダイヤモンド社）などの“繊細さんシリーズ”がある。ラジオやテレビに出演する他、講演会も開催し、HSPの認知度向上に努める。

ブックデザイン nimayuma Inc.
編集 浅井貴仁（ヱディットリアル株式會社）
イラスト 森 温（MORIHARU）

これって本当に「繊細さん」？
と思ったら読む本
HSPとトラウマのちがいを精神科医と語る

2023年8月1日　初版第1刷発行

著者 名越康文
武田友紀
発行者 廣瀬和二
発行所 株式会社日東書院本社
〒113-0033 東京都文京区本郷1丁目33番13号　春日町ビル5F
phone：03-5931-5930（代表）
fax：03-6386-3087（販売部）
URL：http://www.TG-NET.co.jp
印刷・製本 中央精版印刷株式会社

ISBN 978-4-528-02382-6 C0030